little book of

PARiS
style

Aloïs Guinut ist Autorin, Stylistin und Imageberaterin. Sie verfasste die Bücher *Dress Like a Parisian* sowie *Why French Women Wear Vintage* und lebt in Paris.

Published in 2022 by Welbeck
An imprint of Welbeck Non-Fiction Limited,
part of Welbeck Publishing Group.

Eden Books
Ein Verlag der Edel Verlagsgruppe
Copyright © 2023 der deutschen Ausgabe
Edel Verlagsgruppe GmbH, Neumühlen 17,
22763 Hamburg
1. Auflage 2023

Text © Aloïs Guinut 2022
Design und Layout © Welbeck Non-Fiction Limited 2022
Übersetzung, Lektorat und Satz:
Rotkel. Die Textwerkstatt
Umschlagadaption: Rosanna Motz
ISBN: 978-3-95910-413-5

Alle Rechte vorbehalten. All rights reserved.

Das Werk darf – auch teilweise – nur mit Genehmigung des Verlages wiedergegeben werden.

Printed in China

ALOÏS GUINUT

little book of

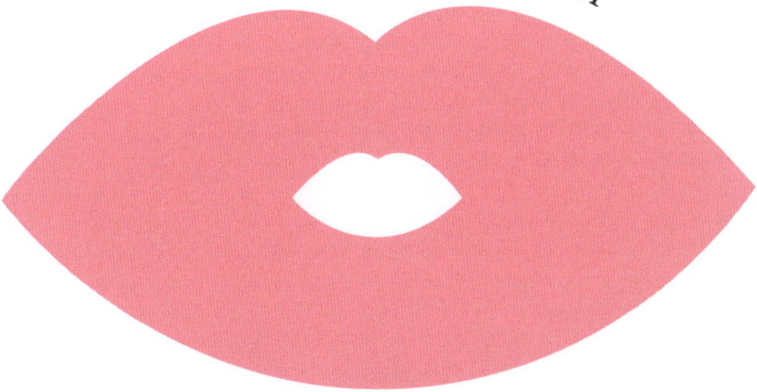

PARIS
style

Eine Stadt und ihre Mode

INHALT

Einleitung Seite 6

Kapitel 1

INSIDE PARISIAN STYLE

Seite 18

Kapitel 2

LEGENDÄRE DESIGNER*INNEN

Seite 58

Kapitel 3

BERÜHMTE BASICS

Seite 102

Kapitel 4

PARISIEHNES

Seite 132

Index Seite 158
Bildnachweise Seite 160

EINLEITUNG

Paris ist wohl die einzige Stadt, von deren Einwohnerinnen man im Singular und nicht im Plural spricht. »La Parisienne« – die Pariserin – ist das erste Bild, das einem in den Sinn kommt, wenn man über den Pariser Stil spricht. Ein mühelos stilvolles Fabelwesen, dessen »Gerade erst aufgestanden«-Frisur und Jeans immer unglaublich chic aussehen.

»La Parisienne« bezeichnet nicht nur die Einwohnerinnen von Paris, sondern eine ganze Ästhetik. Laut den Autorinnen eines kürzlich erschienenen Bestsellers können Sie »Wie in Paris leben, wo immer Sie möchten« (*Be Parisian Wherever You Are*). Dieser Ansatz gilt sowohl für den Stil als auch für die Einstellung: eine gewisse Kultiviertheit und ein gewisser Witz, sorglos (oder zumindest so *erscheinen*), ohne Make-up (aber mit perfekt gepflegter Haut) und stilvoll, ohne zu sehr aufzufallen. Allerdings lässt das einige echte Pariserinnen als Vertreterinnen der »Parisienne« ausscheiden. Aber dass Inès de la Fressanges Buch *La Parisienne* auch in Paris ein Bestseller ist, sagt viel aus.

Der Pariser Stil besticht mit einem zurückhaltenden Chic. Die Pariserinnen sind von Natur aus zurückhaltend, wenn es um neue Trends geht, und halten sich an das, was ihnen am besten steht, auch wenn sie die modernen Formen, Farben und Prints mit ihren zeitlosen Outfits kombinieren. Indem sie nicht direkt das neueste »heiße« Teil kaufen, verhindern sie den einen oder anderen Fauxpas.

Aber eine Singularbezeichnung kann die Vielfalt der Pariserinnen nicht widerspiegeln. Seien wir ehrlich, die meisten Bilder, die wir in den Medien sehen und die angeblich »La Parisienne« repräsentieren, zeigen dünne, bourgeoise weiße Frauen. Auf mich selbst trifft diese Beschreibung zwar zu, ebenso wie auf die

Inès de la Fressange trägt eine Lederjacke und roten Lippenstift, Paris, um 1980.

Mehrheit derjenigen, die hinter den Kulissen der Modebranche arbeiten und Bücher über den Pariser Stil schreiben – das zeigt aber auch, dass diejenigen, die nicht diesem Stereotyp entsprechen, in der Modeindustrie immer noch unterrepräsentiert sind. Doch seit die längst überfällige Diversitätsdebatte eröffnet wurde, wird die Vielfalt der Pariser Frauen endlich sichtbar. In den sozialen Medien ist ein breites Spektrum von Frauen zu sehen, die den Pariser Stil verkörpern, wie die Influencerin Fatou N'Diaye von *Black Beauty Bag,* das Plus-Size-Model Clémentine Desseaux und die YouTuberin Léna Mahfouf, und in den Mainstream-Medien die Unternehmerin und TV-Moderatorin Hapsatou Sy. Die französische *VOGUE* hat endlich das Spektrum der Frauen erweitert, die in den viralen Videos *Une fille, un style* (ein Mädchen, ein Stil) vorgestellt werden. Marken wie Sézane und Jacquemus setzen in ihren Kampagnen und Schauen auf Diversität bei ihren Models, während die Designerin Ester Manas eine gefeierte »Size-inclusive«-Marke geschaffen hat, die nicht zwischen »normal« und »Sondergrößen« unterscheidet.

Sie werden sich fragen, ob es diesen Pariser Stil wirklich gibt? Nun, einige Pariserinnen passen so perfekt in diese Ästhetik, dass sie von führenden Zeitschriften eingeladen werden, ihre Geheimnisse zu verraten. Und es ist nicht zu leugnen, dass trotz der Globalisierung der Mode die Stadt als Ganzes immer noch einen gewissen Stil ausstrahlt. Paris steht für mühelosen Chic. Ob tagsüber oder abends, die Menschen sind sehr elegant, aber nie übertrieben schrill gekleidet. Einige Klischees haben sich auch als wahr herausgestellt, wie ein kurzer Blick auf die in gedeckten Farben gekleideten Pariserinnen und die allgegenwärtigen Streifen bestätigt. Ziel dieses Buches ist es, zu verstehen, wie dieser spezifische Pariser Stil entstanden ist und was er heute ist, und zwar anhand der Designer und Designerinnen, der Modeikonen und der berühmten Basics.

Acht Models posieren am Set von *Unter dem Himmel von Paris,* 1951.

Streetstyle bei der Paris Fashion Week, Oktober 2020.

Die Geburt der Parisienne

In Paris und Umgebung werden schon lange Trends gesetzt – für Frankreich und den Rest Europas. Im 17. Jahrhundert waren diejenigen stilprägend, die dem König am nächsten standen. Im nächsten Jahrhundert folgte auf den ländlichen Stil von Marie-Antoinette bei den Frauen der Trend weg von voluminösen Kleidern hin zu schlichteren Modellen.

Nach der Französischen Revolution war Versailles nicht mehr der Mittelpunkt des Geschehens. Paris erlebte die Republik, die Restauration und dann das Kaiserreich. Mit der industriellen Revolution erfuhr die Modebranche einen Aufschwung. Mit seiner reichen Geschichte in der Herstellung von Stoffen, wie Seide in Lyon und Spitze im Norden, war Frankreich einen Schritt voraus. Zu dieser Zeit bezeichnete »Les Parisiennes« im Plural alle in der Stadt lebenden Frauen, egal ob aus bescheidenen Verhältnissen oder aus der Oberschicht. Währenddessen machte der Designer Charles Frederick Worth Mode zur Kunstform. Der in Paris lebende Engländer bot seiner wohlhabenden Kundschaft Entwürfe an, die sie individuell gestalten konnte. So machte er sich selbst zu jemandem, der Mode erschafft, während Schneider vorher nur diejenigen waren, die Stil umsetzten.

Das erste Mal war von »La Parisienne« im Singular Mitte des 18. Jahrhunderts die Rede. 1841 verfasste der Journalist Taxile Delord einen Artikel mit dem Titel »Physiologie de la Parisienne«, illustriert mit einer schönen jungen Frau, die von Verehrern umgeben war. »Die Parisienne ist ein Mythos«, schrieb er. Diese elegante und verführerische Bourgeoise wurde auch zum Gegenstand von Gemälden von Renoir und Manet. Im Jahr 1900 begrüßte eine elegant gekleidete Riesenstatue der Parisienne von Paul Moreau-Vauthier die Besucher der Pariser Weltausstellung, wodurch der französische Mythos zu einem globalen wurde.

Marie-Antoinette in einem Chemise-Kleid von Élisabeth Vigée-Le Brun, ca. 1783.

Der englische Modeschöpfer Charles Worth (1825–1895) bei der Arbeit in seinem Salon in Paris.

Nach dem Ersten Weltkrieg trieb das Verlangen nach Spaß die Entwicklung der Haute Couture voran. Zwischen 1914 und 1929 stieg die Zahl der Couture-Häuser in Paris von etwa zwanzig auf zweihundert. Die Mode trat in die Moderne ein. Die Frauen, die die Männer in der Industrie abgelöst hatten, während diese an der Front kämpften, waren nicht bereit, zu ihrer förmlichen Kleidung zurückzukehren – sie brauchten nun eine Garderobe, die ihrem aktiven Lebensstil entsprach.

In der Zeit zwischen den Kriegen wurde Paris zur Modehauptstadt, doch der Zweite Weltkrieg forderte seinen Tribut von diesem florierenden Sektor. Während das verarmte Europa nicht mehr in der Lage war, die Amerikaner mit maßgeschneiderter Kleidung zu versorgen, entwickelten die USA ihre eigene Industrie, die sich auf Konfektionsware konzentrierte.

Grace Jones, fotografiert von Jean-Paul Goude, auf dem Titelblatt des Albums *Nightclubbing* von 1981. Jones war in den 1970er- und 1980er-Jahren eine feste Größe in der Pariser Szene.

Frankreich nutzte das, was es hatte, und schlug mit seinem Know-how in Sachen Couture zurück. In den 1950er-Jahren wurden die ultrafemininen Silhouetten von Christian Dior zum »New Look«. Die Kreationen der französischen Modeschöpfer wurden von berühmten Schauspielerinnen getragen, auf jedem zweiten Cover der amerikanischen *VOGUE* war das Wort »Paris« zu lesen und die Stadt wurde zum Schauplatz von skurrilen Filmen wie *Ein Amerikaner in Paris* (1951). Hollywood stärkte die Position von Paris als Modehauptstadt.

Seit Coco Chanels Moderevolution in den 1920er-Jahren wurde der französische Stil mit schicker Einfachheit assoziiert, aber in den 1960er-Jahren strebte die emanzipierte Jugend danach, mit dem sittsamen Stil ihrer Eltern zu brechen. Alle Augen waren auf das Swinging London gerichtet.

Gleichzeitig entstand in Paris aber eine Riege neuer Designer, die statt Couture luxuriöse Konfektionskleidung herstellten. André Courrèges und Paco Rabanne trafen mit ihrer futuristischen Mode genau den Zeitgeist der jungen Generation. Die neuen Pariser Ikonen waren Engländerinnen – Jane Birkin und Loulou de la Falaise brachten etwas von der Londoner Freiheit in ihren Koffern mit und prägten die moderne Pariser Silhouette, eine lässigere Version der zeitlosen Eleganz der Stadt. Mit seinen verführerischen Silhouetten, die das Maskuline mit dem Femininen verbinden, wurde Yves Saint Laurent schnell zum ultimativen Pariser Designer.

Seitdem hat sich der Stil von »La Parisienne« behutsam mit den neuen Trends weiterentwickelt. Breiter und glänzender in den 1980ern, sportlicher und minimalistischer in den 1990ern. Die schrillen internationalen Y2K-Trends konnten sich nie gegen den exquisiten Geschmack der Pariser Elite durchsetzen, die den ebenfalls angesagten Retro-*Amélie*-Stil bevorzugte. Das heißt nicht, dass diese Art von Trends in Paris nicht präsent waren, aber sie wurden nicht als pariserisch angesehen.

Die Stadt Paris selbst ist ein hervorragendes Instrument, um ihren eigenen Stil zu vermarkten. Die Paris Fashion Week, die 1973 in den Kalender der Modewochen aufgenommen wurde, entwickelte sich mit ihren dramatischen Schauen an berühmten historischen Schauplätzen schnell zu einer der wichtigsten Veranstaltungen. Französische Marken setzen auf das Image ihrer geliebten Stadt und zeigen sie häufig im Hintergrund ihrer Kleidungs- und Parfümwerbung.

In den Jahren 2000 bis 2010 erlebte »La Parisienne« ein Comeback durch Bücher und Instagrammerinnen, die ihren Erfolg auf diesem verträumten Lebensstil aufbauten. In den 2020er-Jahren ist das Konzept immer noch ein starkes Marketinginstrument, auch wenn es beispielsweise in Büchern wie *Je ne suis pas Parisienne,* das 2019 von der französischen Journalistin Alice Pfeiffer veröffentlicht wurde, kritisiert wird.

Ob »Parisienne« oder nicht, der Stil der französischen Hauptstadt hat etwas, das sie einzigartig macht.

Vanessa Paradis, französische Sängerin, Schauspielerin und Model, trägt ein
Halsband mit Herzanhänger und ein schwarzes durchsichtiges Top, 1992.

Einleitung

Kapitel 1

INSIDE PARISIAN STYLE

PARFÜM

Chanel N° 5, J'adore von Dior, Angel von Thierry Mugler – die beliebtesten Parfüms der Welt wurden von Pariser Modemarken kreiert.

Das Parfüm wurde Bestandteil des Lebensstils der französischen Elite, nachdem der Schwarze Tod Wasser zu etwas gemacht hatte, vor dem man sich fürchtete: Man glaubte, es könne Krankheiten übertragen. Um diese abzuwehren, sollten Düfte helfen. Die Aristokraten verwendeten so viel Parfüm, dass Versailles den Spitznamen »der parfümierte Hof« erhielt. Die meisten Parfüms wurden im südfranzösischen Grasse hergestellt, das heute als Hauptstadt des Parfüms bekannt ist.

Bis ins 20. Jahrhundert wurden Parfüms von spezialisierten Unternehmen wie Guerlain, dem ehemaligen Lieferanten von Napoleon III, hergestellt. Chanel war das erste Couture-Haus, das ein Parfüm unter eigenem Namen auf den Markt brachte. 1920 bat Coco Chanel die *Nase* (Parfümeur) Ernest Beaux, »ein Damenparfüm zu kreieren, das wie eine Frau riecht«. Es war ein echtes Designerparfüm, das dem einzigartigen Geist der Marke entsprach. Beaux kam mit fünf nummerierten Extrakten zurück. Coco wählte die Nummer fünf, die achtzig Inhaltsstoffe enthielt, darunter ein Aldehyd, einen synthetischen Bestandteil. Auf die Frage, wie der Duft heißen soll, antwortete Chanel: »Ich bringe meine Kollektion am 5. Mai heraus, dem fünften Monat des Jahres. Behalten wir die Nummer, sie wird uns Glück bringen.«

Nach dem Zweiten Weltkrieg sollte jedes französische Modehaus seinen eigenen *Jus* (Saft) auf den Markt bringen – der Begriff, den Fachleute für die flüssige Lösung des Parfüms verwenden. Die erste Kollektion von Christian Dior wurde 1947 mit dem Kultparfüm Miss Dior lanciert, einem Duft, der die Leidenschaft des Designers für Blumen widerspiegelt: »Ein Parfüm ist der letzte Schliff eines Kleides«, erklärte der Modeschöpfer.

Werbung für den Flakon des Parfüms Chanel N° 5, 1927.

Eine nautisch anmutende Jean-Paul-Gaultier-Parfümwerbung aus den 1990er-Jahren mit Meerjungfrauen, Matrosen und einem sinkenden Eiffelturm.

Im Laufe der Jahre stiegen die Verkaufszahlen von Parfüms dank der Macht des Marketings. Zunächst wurden die Flaschen aufwendiger gestaltet, um den Geist der Marke zu verkörpern. Die Werbung entwickelte sich von einfachen Illustrationen zu professionellen Fotografien und dann zu Werbefilmen. Chanel war unter den Ersten, die Botschafter für ihre Parfüms einsetzten. Coco Chanel machte den Job zunächst selbst und posierte 1937 in einer Chanel N° 5-Kampagne, bevor sie eine Reihe von Schauspielerinnen und Models engagierte. Französische Modehäuser arbeiteten zunächst mit Prominenten wie Catherine Deneuve, Carole Bouquet, Sophie Marceau und Vanessa Paradis, bevor sie sich internationalen Stars zuwandten.

Marken nutzen das Image von Paris als Traumstadt. 1928 lancierte Bourjois den Duft Soir de Paris (Abend in Paris) mit Kopfnoten von Veilchen, Aprikose, Pfirsich und Bergamotte. Die illustre Werbung zeigte ein Paar bei Nacht, das an einigen der berühmtesten Pariser Sehenswürdigkeiten wie dem Arc de Triomphe, den Fontaines de la Concorde und dem Eiffelturm vorbeigeht. Das Jahr 1935 läutete die Geburt von Lancôme ein – ein Name, der so französisch wie Vendôme klingen sollte. 1983 kreierte Yves Saint Laurent Paris, ein Parfüm auf Veilchenbasis. Die Werbung von 1992 zeigte ein sich küssendes Paar zwischen dem Eiffelturm und einem Hubschrauber. Später sollten die Parfüms Parisienne und Mon Paris unter dem gleichen Markennamen folgen.

Der Marketingkraft der Couture-Häuser hatten die meisten Parfümeure nichts entgegenzusetzen und verschwanden langsam. Mit Marken wie Annick Goutal und Frédéric Malle, die auf Know-how in der Parfümherstellung, Kreativität und hochwertige Inhaltsstoffe setzen, entstand eine französische Parfüm-Nischenszene, die des »alles läuft übers Marketing«-Ansatzes überdrüssig war.

Seit den glorreichen Tagen der Renaissance hat Frankreich nichts von seinem Flair eingebüßt, und Parfüm ist eines der wichtigsten Exportgüter des Landes. Die Liebe der Franzosen zum Duft ist ungebrochen, die meisten verwenden regelmäßig einen.

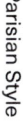

UNTERWÄSCHE

Das einzigartige Know-how der französischen Dessousindustrie prägt die nationale Vorliebe für hochwertige Unterwäsche, und das Land wurde schließlich weltweit für seine Unterwäsche berühmt.

In den späten 1800er-Jahren waren Korsetts die Norm. Mit dem Ziel, Frauen zu befreien, indem sie ihrem Körper mehr Raum gab, erfand die Facharbeiterin Herminie Cadolle »le Bien-Être« (das Wohlbefinden) – ein *corselet-gorge*, also ein Korsett, das für mehr Bewegungsfreiheit in zwei Teile geteilt wurde, wobei der obere Teil der Büstenhalter war, wie wir ihn heute kennen. Es dauerte etwa dreißig Jahre, bis der *soutien-gorge*, der BH, zum Mainstream wurde.

Die Qualität französischer Dessous beruht auf dem Fachwissen der Miederwarenhersteller und der Verwendung hochwertiger Stoffe aus heimischer Produktion wie *dentelle* (Spitze) oder Seide.

Als Luxusprodukte wurden BHs früher noch in den Schubladen von Edelboutiquen aufbewahrt. In den 1960er-Jahren entwickelte Etam eine Serie erschwinglicher Baumwollunterwäsche, die auf Bügeln präsentiert wurde, um den Kundinnen einen besseren Zugang zu ermöglichen. Dessous waren meist in neutralen Farben erhältlich, bis die Schwestern Loumia und Shama Hiridjee beschlossen, in ihrer Pariser Boutique fröhliche modische Unterwäsche zu verkaufen. Sie nannten ihre Marke Princesse tam.tam in Anlehnung an den Film von 1935 mit Josephine Baker in der Hauptrolle. Originell und erschwinglich – eine moderne Erfolgsgeschichte.

Die Dessousbranche ist in Frankreich nach wie vor ein florierender Wirtschaftszweig. Mit ihrer Vorliebe für schicke Sets liegen die Franzosen laut Institut Français de la Mode auf Platz eins in Europa, was die Unterwäschekäufe angeht.

Lella, Bretagne aus dem Portfolio von Édouard Boubat, 1948.

DIE GRANDS MAGASINS

Beim Einkaufen in Paris ist das Drumherum genauso wichtig wie die Einkäufe!

Mitte des 18. Jahrhunderts kauften Frauen in kleinen spezialisierten Boutiquen Dinge wie Stoffe und Kurzwaren, um Kleidung zu nähen. Diese Waren lagerten im hinteren Teil der Geschäfte, und die Kundinnen sagten der *vendeuse* (Verkäuferin) Bescheid, was sie brauchten. 1852 wandelten die Unternehmer Aristide und Marguerite Boucicaut das Au Bon Marché, einen Geschenkartikelladen an der Rive Gauche, in ein größeres Geschäft um, das sich auf Frauen und deren Einkäufe spezialisiert hatte. Zum ersten Mal wurden die Produkte so ausgestellt, dass die Kundinnen sie anfassen konnten. Die Preise waren fest (und nicht verhandelbar wie in den kleineren Geschäften) und, weil die Boucicauts gern in großen Mengen einkauften, die niedrigsten der Stadt (*bon marché* bedeutet billig).

Um den Pariserinnen einen prachtvollen Rahmen für ihre Einkäufe zu bieten, engagierten die Boucicauts den Bauingenieur Gustave Eiffel und den Architekten Louis-Charles Boileau. Im Jahr 1869 war das Geschäft ein heller Glaspalast, wie der Schriftsteller Émile Zola in seinem Buch *Au Bonheur des Dames* (Das Paradies der Damen) beschrieb, das von der Geschichte des Au Bon Marché inspiriert war.

Beflügelt durch den Erfolg von Au Bon Marché, wurden auf der anderen Seite der Seine weitere sogenannte *grands magasins*, große Kaufhäuser, eröffnet: Le Printemps (1865), La Samaritaine (1870) und die Galeries Lafayette (1893).

Auch im 21. Jahrhundert sind die *grands magasins* noch ein Muss für jeden Parisbesucher. Im Bon Marché werden

Inside Parisian Style

Werbung für Au Bon Marché, Illustration von
René Vincent (1879–1936), Paris.

gigantische Kunstwerke ausgestellt, in den Galeries Lafayette
gibt es im Winter eine Schlittschuhbahn auf dem Dach,
das Restaurant Printemps mit Blick auf den Eiffelturm
sollte man sich nicht entgehen lassen, und die animierten
Weihnachtsfenster sind sehr beliebt.

Inside Parisian Style

HIGH STREET FASHION

Die Grand Couturiers, die großen Modeschöpfer, haben die französische Mode zwar maßgeblich beeinflusst, doch die allermeisten Pariserinnen konnten es sich nie leisten, bei Dior einzukaufen. Bis Anfang der 1950er-Jahre wurden die meisten Kleidungsstücke maßgefertigt. Die Reichsten hatten das Geld für die Grands Couturiers, die Mittelschicht ließ sich die Kleider von der örtlichen Schneiderin nähen, und die unteren Schichten fertigten ihre Kleider selbst an oder kauften secondhand.

Nach dem Zweiten Weltkrieg fehlte es Frankreich an Stoffen, und es verlor seinen Status als erste Anlaufstelle für internationale Mode. In der Zwischenzeit wurden in den USA die Produktionstechniken von Ford auf Kleidung angewandt, und ein Größensystem zur Herstellung von Konfektionskleidung wurde eingeführt. Inspiriert von den USA war Weill der erste französische Hersteller, der zu einer Marke wurde. Zu diesem Zweck stellte die Firma den Unternehmer und Werbemagnaten Marcel Bleustein-Blanchet ein, der den Slogan »un vêtement Weill vous va« (ein Kleidungsstück von Weill passt zu Ihnen) kreierte. Ab 1948 bezeichneten die Journalisten Weill als Prêt-à-porter-Hersteller (wörtlich übersetzt vom Englischen *ready-to-wear*, von der Stange).

1952 veröffentlichte die Zeitschrift *ELLE* eine Ausgabe über Prêt-à-porter (»Möchten Sie Kleider, die bereits tragefertig auf Sie warten?«), kurz darauf zog die *VOGUE* nach. Im Jahr 1957 wurde dann eine eigene Messe ins Leben gerufen, aber der kommerzielle Erfolg war bescheiden. Doch dann wollte sich die neue Generation der Babyboomer anders kleiden als ihre Eltern,

Model Edie Campbell in einer Sandro-Paris-Werbung, 2014.

Tageskleid und tief hängender Gürtel von Yves Saint Laurent Rive Gauche, vor einer Skulptur von Niki de Saint Phalle getragen.

und Nähen war zu einer Arbeit geworden, die Frauen nicht mehr machen wollten. In den 1960er- und 1970er-Jahren entstanden erschwingliche Prêt-à-Porter-Marken wie Dorothée Bis, NAF NAF und Promod, die sich an junge Leute richteten. Anstatt einfach die neuesten Couture-Trends zu reproduzieren, beauftragten sie Stylisten oder Trendberatungsagenturen mit der Gestaltung ihrer Kollektionen. Aufstrebende High-End-Marken wie Sonia Rykiel und agnès b. entschieden sich bewusst für Prêt-à-porter, und um jüngere Kundinnen und Kunden anzuziehen, führten auch Couturiers eigene Konfektionslinien ein. Yves Saint Laurent war mit seiner Boutique Rive Gauche der Pionier. Die neue Generation von Modeschöpfern wie Thierry Mugler und Claude Montana lancierten beide Linien gleichzeitig.

In den 1980er-Jahren nahm die Nachfrage immer mehr zu. Um ihre junge Kundschaft mit den neuesten Trends zu versorgen, kamen die in der Pariser Textilhochburg Le Sentier ansässigen Marken auf die Idee, ihre Kleidungsstücke an Ort und Stelle maßzuschneidern – ein Kniff, der NAF NAF 1983 mit ihren Jumpsuits zu einem phänomenalen Erfolg verhalf. 1986 eröffnete das Unternehmen in ganz Frankreich Geschäfte und warb mit einem einprägsamen Slogan: »Qui a peur du grand méchant look?« (Wer hat Angst vorm großen bösen Look?)

Die ausländischen Fast-Fashion-Marken wie Zara und H&M, die in den 1990er-Jahren auf den Plan traten, kamen bei den Pariserinnen, die es liebten, ihre Garderobe mit witzigen, preiswerten Stücken zu ergänzen, extrem gut an. Einige erschwingliche französische Ketten blieben konkurrenzfähig, indem sie sich, wie Jennyfer und Pimkie, als Teeniemarken positionierten oder betonten, wie französisch sie waren – zum Beispiel Promod und Etam. Seit 2004 arbeitete H&M mit französischen oder hauptsächlich in Frankreich tätigen Designern (wie Karl Lagerfeld, Sonia Rykiel, Isabel Marant) zusammen, um Capsule-Kollektionen zu entwerfen und so Luxus für jedermann zugänglich zu machen.

Da Zara in einem Tempo seine Kollektionen wechselte, bei dem sie nicht mithalten konnten, gingen einige der

Le-Sentier-Marken in den gehobenen Bereich. 1998 trennte sich Judith Milgrom von ihrer Schwester Evelyne Chétrite (mit der sie Sandro gegründet hatte), um ihre eigene Marke Maje zu gründen. Die beiden sind eher Verbündete als Konkurrentinnen und haben eine ähnliche Positionierung: Sie verkaufen High Fashion, also besondere, luxuriöse Kleidung, in edlen Boutiquen zu Preisen im mittleren Segment. Maje ist eher mädchenhaft, Sandro eher rockig. Die erste Sandro-Boutique, die 2004 in Marais eröffnete, machte das Viertel in Sachen Mode attraktiver und wurde bald zu der Shoppingadresse schlechthin. Mit solch kleineren Boutiquen stellen diese Marken die Intimität wieder her, die in den Megastores verloren gegangen war.

Viele französische Marken fallen in die mittlere Kategorie mit unterschiedlichen Stilrichtungen und Zielgruppen – zum Beispiel das klassische Comptoir des Cotonniers oder APC, die Bohème-Chic-Marken Gerard Darel und Pablo, die sexy Rockmarke Iro und das von Isabel Marant inspirierte ba&sh. Im Laufe der Jahre haben diese hochwertigen Ketten viele französische Innenstädte erobert. Früher waren *multimarques,* Boutiquen mit mehreren Marken, am weitesten verbreitet. Ihr Stil und ihre Auswahl sind einzigartig und basieren auf der Persönlichkeit des Inhabers oder der Inhaberin, die eine enge Beziehung zu ihrer Kundschaft aufbauen. In Paris brachten Concept Stores diese vom Aussterben bedrohte Spezies wieder in Mode: Colette, ein Store, der wie nichts anderes für diesen Trend steht, eröffnete im Jahr 2000. 2022 florieren nun die Boho-Concept-Stores Merci und Centre Commercial, die eine hochwertige Auswahl anbieten.

In den 2010er-Jahren kamen neue Mittelklassemarken online auf den Markt. Die französische Retromarke Sézane wurde 2013 gegründet und eröffnete 2016 ein Geschäft in Paris. Ähnlich verhält es sich mit der bunten Marke Make My Lemonade, die 2015 von der Bloggerin Lisa Gachet gegründet wurde und deren erster Laden 2018 eröffnete, sowie mit der Kultmarke Rouje von Superstar-Influencerin Jeanne Damas. Die stilbewussten Pariserinnen wissen jedoch, dass Kleidungsstücke, die nicht jeder hat, in Vintage-Läden zu finden sind …

Das französische Model Julia Frauche beim Launch der Kollektion Isabel Marant pour H&M in Paris im Jahr 2013.

VINTAGE

Die Pariserinnen lieben es, einzigartig zu sein, und was ist einzigartiger als ein Secondhandstück?

Vor der industriellen Revolution war Kleidung teuer, und für ärmere Menschen war es üblich, gebrauchte Kleidung zu tragen. Die Kleidung wurde entweder von den Reichen verschenkt oder von spezialisierten Händlern, den *chiffoniers*, erworben, die auf dem Bürgersteig eingesammelte Altkleider verkauften. Um das Haussmann-Viertel aufzuwerten, durften die *chiffoniers* nicht mehr auf der Straße verkaufen, und der Pariser Oberbürgermeister Eugène Poubelle führte 1880 Müllcontainer ein, um ihnen die Materialquelle zu entziehen.

Um den Verkauf von Secondhandkleidung zu regulieren, wurde 1808 in Paris ein hölzerner Markt im Herzen des Maraisviertels errichtet, Le Carreau du Temple. Er war in vier Bereiche unterteilt, wobei Le Palais-Royal auf Mode spezialisiert war. Andere Kaufleute, die aus der Stadt vertrieben worden waren, ließen sich außerhalb der Stadtgrenzen in Saint-Ouen nieder. Zunächst war es eine informelle Zusammenkunft, die 1885 offiziell in einen Markt umgewandelt wurde und sich zu einem festen Geschäft entwickelte, da die Händler kleine Häuser bauten. In den 1920er-Jahren war der *marché au puces* (Flohmarkt) ein beliebtes Ziel für einen Sonntagsspaziergang, wo man bei Jazzmusik und gutem Essen billig einkaufen konnte.

Von 1946 bis 1991 wurden zwölf weitere Märkte errichtet, die Les Puces de Saint-Ouen zu einem der größten Antiquitäten- und Trödelmärkte der Welt machten. Im Jahr 2022 hat er sich zu einem modischen Viertel entwickelt, in dem gut gekleidete Pariserinnen und Pariser jede Menge

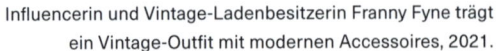

Influencerin und Vintage-Ladenbesitzerin Franny Fyne trägt ein Vintage-Outfit mit modernen Accessoires, 2021.

Ein Trödelmarkt im Carreau du Temple in Paris, 1956.

gebrauchter Kleidungsstücke kaufen können, von Vintage-Couture bis hin zu einfachen Secondhandteilen.

Eine weitere Möglichkeit des Wochenendtrödelns sind *vide-greniers* und *brocantes*. Auf Ersterem verkaufen die Leute ihre eigene Kleidung, während der Zweite nur für professionelle Händler bestimmt ist. Im Frühjahr und im Herbst sind diese Veranstaltungen, die direkt auf der Straße stattfinden, sehr gut besucht. Es gibt sie seit Anfang des 20. Jahrhunderts, als es im Bastille-Viertel zeitweise ganze *foires à la ferraille* (große, trubelige Secondhandmärkte) gab.

Durch den Boom der Konfektionskollektionen in den 1960er-Jahren stieg die Zahl der Kleidungsstücke, die eine einzelne Person besaß, stetig an, und ab den 1970er-Jahren wurden Kommissionswarenläden (*dépôts-ventes*) eröffnet, um Platz in den Kleiderschränken zu schaffen und gleichzeitig etwas Geld dazuzuverdienen. Einige gibt es noch, zum Beispiel La Marelle, der seit 1974 in der Galerie Vivienne im 2. Arrondissement ansässig ist. Anfang der 2020er-Jahre gab es in Paris Dutzende dieser Läden, jeder mit seiner eigenen Identität, die die glorreiche Zeit der Multimarkengeschäfte wieder aufleben ließen.

In Paris gibt es außerdem eine große Anzahl von Vintage- und Secondhandläden. Die billigsten, wie Guerrisol und Free'P'Star, kaufen in großen Mengen und verkaufen, ohne die Ware zu sortieren. Etwas teurere Secondhandläden wie Kiliwatch führen nur trendige Produkte, die nach Kategorien geordnet sind. Die Popularität der Secondhandläden nahm mit dem Aufkommen der Fast Fashion ab, doch in den letzten Jahren haben Umweltbewusstsein und der Wunsch nach Einzigartigkeit Secondhand wieder populärer gemacht. Die schicksten Vintage-Läden bieten eine sorgfältig zusammengestellte Auswahl. Die meisten stellen ihr Angebot aus bestimmten Marken zusammen, manche sind auf gewisse Zeiträume spezialisiert, wieder andere bieten eine Mischung aus beidem; jeder hat seine eigene Persönlichkeit. In Paris ist Didier Ludot, der seit 1975 im Palais Royal ansässig ist und ausschließlich Couture verkauft, der bekannteste.

Nach der Finanzkrise 2008 erfreuten sich Wiederverkaufswebsites wie das französische Vestiaire Collective und das litauische Vinted großer Beliebtheit, da sie Secondhandkleidung demokratisierten und für Modeliebhaber attraktiv machten. Auch wohlhabende Menschen scheuen sich heutzutage nicht, in Charity Shops oder Kiloläden einzukaufen. Viele französische Influencerinnen tragen Vintage. Bereits 2008 bloggte Betty Autier über die coolen Klamotten, die sie bei Guerrisol für ein paar Euro gefunden hatte. Seit 2017 berichtet die Influencerin Sophie Fontanel über ihre Flohmarktausflüge und ist außerdem Botschafterin für leboncoin (einen Onlineflohmarkt). In Paris gibt es eine ganze Clique von Vintage-Influencerinnen, darunter die stilvolle Frannfyne und die exzentrische Zoehtq (die auf TikTok dokumentiert, wie ihre Outfits entstehen). Diese Vintage-Influencerinnen kombinieren Kleidung aus verschiedenen Epochen zu zeitgenössischen Outfits. Wer nicht so viel Geld hat und von Luxusartikeln nur träumen kann, bekommt mit Vintage eine Möglichkeit, Qualität zu einem günstigeren Preis zu kaufen.

VOGUE UND ELLE

Bevor es soziale Medien gab, waren gedruckte Zeitschriften die Hauptquelle für inspirierende Modebilder. Printmagazine für ein weibliches Publikum gibt es in Frankreich seit Ende des 19. Jahrhunderts. *La Mode Illustrée* (gegründet 1860) und *Le Petit Écho de la Mode* (1880) sollten Frauen in verschiedenen Bereichen des täglichen Lebens unterstützen. Sie enthielten Ratschläge, wie die Trends zu tragen waren und die Familie einzukleiden war, sowie Nähmuster.

Die französische Ausgabe der *VOGUE*, die 1920 auf den Markt kam, war eher inspirierend als praktisch. Die Beiträge wurden von anerkannten Autoren und Kolumnisten verfasst, während die Illustrationen von aufstrebenden Künstlern stammten. Bald wurden talentierte Fotografinnen und Fotografen wie Lee Miller und Horst eingestellt. Mit ihrem eleganten Layout sprach die Zeitschrift das Bürgertum an.

Im Jahr 1945 gründete die Journalistin Hélène Gordon-Lazareff die Zeitschrift *ELLE*. Die Zeitschrift enthielt sowohl frivole als auch ernsthafte Beiträge, die einerseits Themen wie den Kampf der Frauen für das Recht auf Abtreibung behandelten, andererseits aber auch über die neueste Mode berichteten. Diese Mischung von Genres hat sich auch im Jahr 2022 nicht verändert, obwohl die manchmal konservative Haltung der Zeitschrift zu feministischen Themen oft kritisiert wird.

Im Jahr 1968 wurde *Le Vogue Français* zur *VOGUE PARIS*, wobei »Paris« in das »O« geschrieben wurde. Laut Carine Roitfeld, Chefredakteurin von 2001 bis 2011, »ist die *VOGUE PARIS* kantiger und hat mehr Einfluss auf die Designer [als die ursprüngliche *VOGUE*], sie hat diesen französischen, oft provokativen Geist« (*Le Monde*, 2010). Nach der französischen

Art-déco-Stil auf dem Titelblatt der
VOGUE FRANCE, August 1929.

Kulturrevolution wurde die *VOGUE PARIS* sehr mutig und veröffentlichte verführerische Editorials des wegweisenden Künstlers Guy Bourdin und des legendären Fotografen Helmut Newton. Mit ihrem schicken, aufreizenden Stil ist Roitfeld selbst eine Stilikone und ebnete den Weg für ihre Nachfolgerin, die eher schlicht gekleidete Emmanuelle Alt, die dank ihrer souveränen Ausstrahlung zu einem Liebling der Streetstyle-Fotografen der Blogger-Ära wurde.

In Frankreich wie auch in anderen westlichen Ländern verbreiteten Frauenzeitschriften das Vorurteil, die modische Frau sollte weiß, schlank und jung sein. 1966 verließ Chefredakteurin Edmonde Charles-Roux ihren Posten bei der *VOGUE,* weil sie keine Woman of Colour für das Cover auswählen durfte. Das erste Schwarze Model auf dem Cover war Naomi Campbell, und zwar erst 22 Jahre später. Im Jahr 2022 sind Cover mit nicht-*weißen* Models immer noch eine Seltenheit, das selbe gilt für Plus-Size-Models und ältere Frauen.

Im Jahr 2021 ernannte Anna Wintour die 32-jährige Eugénie Trochu zur Chefredakteurin der *VOGUE PARIS,* die sie sofort in *VOGUE FRANCE* umbenannte. Die junge Frau, die selbst nicht in Paris geboren ist, möchte die *VOGUE* integrativer machen. Für ihr erstes Cover wählte sie die Schwarze Rapperin Aya Nakamura: »Ich möchte das Bild der französischen Frauen verändern, damit sich jeder damit identifizieren kann, Aya Nakamura ist hier sehr beliebt ... Sie ist stilvoll und bleibt dabei sie selbst.«

Angesichts der neuen Generationen, die sich immer häufiger digital statt auf Papier informieren, passen die Zeitschriften ihr Marketing und ihre Inhalte an. Trochu teilt ihren Arbeitsalltag und ihr Privatleben in den sozialen Medien. Die Onlineversion von *ELLE* bietet unterhaltsame Modeinhalte und Ratschläge, die in den letzten Jahren in der Printausgabe durch weniger ansprechende High Fashion ersetzt wurden.

Die damalige Chefredakteurin der *VOGUE PARIS,* Carine Roitfeld, nimmt an der Fair Game Cocktail Party 2010 teil, die von Giorgio Armani im französischen Cannes veranstaltet wird.

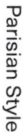

iNFLUENCER

Pariser Influencerinnen nutzen das schöne Setting der Stadt und die Aura der »Parisienne«.

Seit den frühen 2000er-Jahren teilen stilbewusste Menschen ihre Outfits und Modegedanken online. Betty Autier und Garance Doré wurden mit ihrem witzigen Schreibstil und stilvollen Illustrationen schnell sehr beliebt. Die beiden Pariserinnen, die ihre Beiträge ins Englische übersetzten, erreichten bald ein internationales Publikum.

2009 veröffentlichte Garance Doré einen Beitrag mit dem Titel »La Femme Française«, in dem sie einer amerikanischen Leserin antwortete, die wissen wollte, wie sie ihrer Garderobe einen französischen Touch verleihen könne. In ihrer schelmischen Art gab Doré vor, die Mythen zu entkräften, während sie sie gleichzeitig bestätigte (nachdem sie die vielen Streifenteile in ihrem Kleiderschrank aufgezählt hatte): »Nein. Nein, ich glaube nicht, dass man daraus schließen kann, dass die Französin (vor allem jemand namens Garance Doré) zu viele Streifen trägt. ;-).«

Andere nutzten die aufkommenden sozialen Medien, um ihre täglichen Outfits zu dokumentieren. Unter dem Namen Crevette Liloo wurde Jeanne Damas auf der französischen Plattform skyblog zu einem kleinen Teenager-Promi, bevor sie auf ihrer Instagram-Seite über 1,5 Millionen Follower mit Pariser Stilinspirationen anzog.

Im Laufe der Zeit hat Instagram die Inspirationsquellen diversifiziert, wobei verschiedene Altersgruppen, Größen und Hautfarben vertreten sind – zum Beispiel die über fünfzigjährige Ex-Journalistin Sophie Fontanel, die elegante Plus-Size-Influencerin Lalaa Misaki und die Beauty-Bloggerin Fatou N'Diaye alias blackbeautybag.

Designerin und Model Jeanne Damas in Jeans und Lederjacke vor der Valentino-Schau während der Pariser Fashion Week, März 2020.

Léna Mahfouf, alias Léna Situations, war 2021 die mächtigste Influencerin der Welt – sie lässt ihre Follower seit 2017 auf YouTube an ihrem täglichen Leben teilhaben, ist Dior-Botschafterin und dreht Videos für die *VOGUE*. Sie ist der Liebling der französischen Modewelt.

Mit bretonischen Streifen, sexy Denim, Korbtaschen, Vintage-Blumenmuster und Retro-Strick erfindet die Insta-Parisienne die Elemente des französischen Stils für eine neue Generation wieder. Viele Influencerinnen nutzen die modische Anziehungskraft von Paris, um sich einen Namen zu machen. Die französischen Ikonen Jeanne Damas und Anne-Laure Mais haben mit ihren mühelos coolen Outfits, die sie auf den Straßen von Paris fotografiert haben, sowie mit ihren souverän schicken Wohnungen Millionen von Follower gewonnen. Die beiden haben ihre Berühmtheit genutzt, um erfolgreiche Bekleidungslinien zu gründen (Rouje und MUSIER haben inzwischen unzählige Fans auf der ganzen Welt). Es ist nicht leicht, sich in einer Welt des Überflusses durchzusetzen, aber mit Millionen von Posts sind die Hashtags frenchgirl und frenchstyle ein Hit in den sozialen Medien. Neulinge lieben Klischees, um wahrgenommen zu werden: Sie zeigen sich umgeben von Haussmann-Bauten, in Cafés beim Croissant-Essen, und auch dem Eiffelturm statten sie oft einen Besuch ab. In ihren Videos zeigen diese von Jane Birkin inspirierten Musen ein idealisiertes Pariser Leben, untermalt von französischer Musik aus den 1960er-Jahren.

> **»Die Insta-Parisienne erfindet die Elemente des französischen Stils für eine neue Generation neu.«**

YouTuberin Léna Mahfouf (bekannt als Léna Situations) trägt einen silbernen Playsuit vor der Dior-Schau, Paris Fashion Week, Juli 2021.

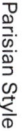

KULTUR IST MODERN

In der etwas cliquenhaften Pariser Gesellschaft zählt Kultiviertheit mehr als Logos.

Im 17. Jahrhundert galten Witz und Bildung bei Frauen als attraktive Eigenschaften. Über seine 25 Jahre jüngere Frau sagte der Dichter Paul Scarron: »Sie hat schelmische Augen, ein Paar schöne Hände und viel Witz.« Im 19. Jahrhundert waren die literarischen Salons der Ort, an dem sich die einflussreichsten Frauen der Stadt trafen, aber man darf sich nicht täuschen lassen, es war immer noch eine Welt der Männer.

In den Filmen der Nouvelle Vague spielt die Kultur eine große Rolle für den Sex-Appeal einer Figur, man sieht sie lesen, Verse rezitieren, malen ... Vor allem Frauen sind beim Lesen von Büchern zu sehen – Anna Karina in Jean-Luc Godards *Alphaville* (1965), Brigitte Bardot beim Baden in *Die Verachtung* (1963) und Haydée Politoff in Éric Rohmers *Die Sammlerin* (1967). In den 1980er-Jahren liest Sophie Marceau in *Die Studentin* (1988) mit großer Brille in Zolas *Der Totschläger* und im Film *Chansons der Liebe* (2007) lesen die drei Hauptfiguren gemeinsam im Bett als Ménage-à-trois und imitieren damit eine ikonische Szene aus *Tisch und Bett* (1970) von François Truffaut.

Französische It-Girls und Marken lieben es, diese Trope zu kopieren. Auf Instagram posiert Jeanne Damas mit dem Buch *Nadja* von André Breton, das ihr halbes Gesicht bedeckt, Lou Doillon singt vor ihrer Bücherwand; Rouje (die Marke von Jeanne Damas) lässt Mädchen mit Büchern vor den Bouquinisten des Quais de Seine fotografieren, während die

Zwei Models stehen vor einer Pariser Buchhandlung und tragen Tweedanzüge aus der Herbst/Winter-Kollektion 1953 von Pierre Balmain.

Models der Dessousmarke Ysé vor Bücherregalen posieren. Die Marken nutzen die Literatur auch als Möglichkeit, mit ihrer Luxuskundschaft zu kommunizieren. Das elegante Rive-Gauche-Geschäft Le Bon Marché lädt die Schriftstellerinnen Sophie Fontanel und Morgane Ortin, die stets tadellos gekleidet sind, ein, um über ihre eigenen Bücher zu sprechen. Im Jahr 2021 startete Chanel den Podcast *Les Rendez-vous Littéraires de la rue Cambon*, ein intimes Gesprächsformat mit Autorinnen.

Der Museumsbesuch ist ein weiterer romantisierter Teil des Pariser Kulturlebens. In dem Nouvelle-Vague-Film *Die Außenseiterbande* (1964) laufen Jean-Luc Godards Figuren durch den Louvre, eine Szene, die als Hommage in *Die Träumer* (2003) von Bernardo Bertolucci nachgestellt wurde. Wenn amerikanische Produzenten das Leben in Paris darstellen, dürfen Museumsbesuche nicht fehlen, sei es Audrey Hepburn, die für ein Modeshooting in *Ein süßer Fratz* (1957) die monumentale Treppe des Louvre hinuntergeht, oder Blair Waldorf, die in der Fernsehserie *Gossip Girl* im Musée d'Orsay einen Prinzen trifft (tatsächlich!). Die Pariser Museen gehören zu den Lieblingsorten der Influencerinnen, wobei das Louvre und das Musée de l'Orangerie als Mainstream gelten, während weniger bekannte Museen wie das Bourdelle etwas ausgefallener sind.

Louise Ebel, alias Miss Pandora, ist eine Influencerin mit einem Abschluss in Kunstgeschichte und einer echten Leidenschaft für Kultur. Als sie anfing zu posten, ließ sie sich bei der Zusammenstellung ihrer Outfits von berühmten Gemälden inspirieren. Mehr als ein Jahrzehnt später ist sie eine Mode- und Kultur-Influencerin mit über 70.000 Followern.

Um ihre Verankerung in der französischen Kultur zu unterstreichen, nutzen Luxusmarken die Pariser Museen als Kulisse. Louis Vuitton hat bereits zweimal im Louvre Werbung gedreht und seine Schau dort veranstaltet. Mit der Fondation Louis Vuitton unterstützt die Marke auch die Kunst, während die Sammlung Pinault eine lebendige Perspektive auf zeitgenössische Kunst bietet. Auch Mode und Musik sind eng miteinander verbunden. Markenbotschafterinnen sind oft

Models laufen bei der Herbst/Winter-Schau 2021/22
von Louis Vuitton im Louvre, Paris Fashion Week.

Inside Parisian Style

Inès de la Fressange, vertieft in ein Buch, Paris, 1987.

Chanel Herbst/Winter 2018/19 im Grand Palais, Bouquinisten im Hintergrund.

Sängerinnen, wie Angèle für Chanel. 2019 teilte Hedi Slimane, der Kreativdirektor von Céline, der eine Leidenschaft für Musik hat, eine Playlist mit zwanzig Songs auf Spotify.

Die Mode spielt in der französischen Kultur eine wichtige Rolle. In Paris gibt es drei Museen, die ihr gewidmet sind. Das Musée de la Mode wurde 1954 gegründet und ist seit 1977 im Palais Galliera untergebracht. Das Musée des Arts Décoratifs (MAD), das 1905 gegründet wurde, um Sammlungen von Industriekunst einschließlich Textilien zu zeigen, befindet sich in einem Flügel des Louvre. Und schließlich ist da noch das 2017 eröffnete private Musée Yves Saint Laurent Paris.

Natürlich besteht die französische Kultur aus viel mehr als nur Büchern und alten Museen, aber international sind diese Symbole als Aushängeschilder für den anspruchsvollen französischen Intellekt bekannt.

ZIGARETTEN

Obwohl ihr Inneres alles andere als schön ist, galten Zigaretten in der Pariser Modewelt lange Zeit als elegantes Accessoire, das Ikonen wie Coco Chanel, Catherine Deneuve und Jane Birkin einsetzten.

In den 1920er-Jahren begannen die emanzipierten *Garçonnes* Zigaretten zu rauchen wie die Männer. Sie benutzten *porte-cigarettes* (Zigarettenspitzen), die eine lange Linie bildeten, die die gewünschte Silhouette der damaligen Zeit widerspiegelte.

Die erste skandalträchtige Kreation des Modeschöpfers Yves Saint Laurent war 1966 »Le Smoking« für Damen. Der Begriff Smoking kommt daher, dass diese Art von eleganten Anzügen von Männern in Raucherzimmern getragen wurde. Dieses Debüt war ein Vorgriff auf die Bedeutung von Zigaretten in der Ästhetik der Marke. Auf einem berühmten Foto von 1975 raucht eine androgyne Frau im Smoking in einer malerischen Pariser Straße eine Zigarette.

Kate Moss sorgte 2012 für Aufsehen, als sie auf dem Laufsteg von Louis Vuitton rauchte. Bei den Chanel-Schauen der 1980er-Jahre war dies ein klassischer Schachzug, wobei die Coco-Doppelgängerin Inès de la Fressange auf dem Laufsteg mit ihren Zigaretten oder Zigarren spielte.

Zigaretten sind zwar seit 1991 in der Werbung verboten, aber französische Make-up-Marken lassen Models dennoch rauchen – und zwar Lippenstifte! Sie halten sie offen, wie eine Zigarette, deren feuriges Ende das Make-up ist.

Erstaunlicherweise raucht immer noch mehr als ein Viertel der französischen Frauen. Obwohl wir heute wissen, dass Rauchen tödlich ist, hat das Bild der rauchenden Pariserin nach wie vor Bestand.

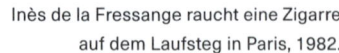

Inès de la Fressange raucht eine Zigarre auf dem Laufsteg in Paris, 1982.

DER EiFFEL-TURM

Die beiden Wahrzeichen von Paris, die Mode und der Eiffelturm, treffen oft aufeinander.

Der Eiffelturm ist eine beliebte Kulisse für Modeshootings. Manchmal aus nächster Nähe, wie auf den Fotos von Erwin Blumenfeld aus dem Jahr 1933, die das schwedische Model Lisa Fonssagrives in einem über die Balken des Turmes wallenden Rock zeigen, oder das amerikanische Supermodel Dovima, das 1950 von Richard Avedon fotografiert wurde und Dior trug. Diese Bilder inspirierten die Lady-Dior-Kampagne 2009 von Peter Lindbergh mit der Schauspielerin Marion Cotillard in der Hauptrolle.

Der ikonische Turm ist ein fester Bestandteil vieler Parfümwerbungen – wie in einer Zeichnung aus dem Jahr 1959 für Soir de Paris von Bourjois oder in jüngerer Zeit für La Petite Robe Noire von Guerlain und funkelnd in La Vie Est Belle von Lancôme. Der Eiffelturm ist im Hintergrund zahlreicher Dior-Kampagnen zu sehen und stellt eines der Hauptmotive der von Paris inspirierten Parfümlinie von Yves Saint Laurent dar.

Für Louis Vuitton fotografierte Jacques-Henri Lartigue 1978 einen Mini-Eiffelturm aus Gepäckstücken, der vor dem echten Turm stand. Dieses ikonische Bild wurde später in den Schaufenstern des Flagship-Stores der Luxusmarke auf den Champs-Élysées im Jahr 2012 reproduziert und auf Accessoires

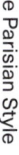

Cecile Chevreau als Joan Peterson in *Paid to Kill,* in einem Abendkleid von Madeleine de Rauch vor dem Eiffelturm, 1954.

wie Schlüsselanhänger und Kartenhalter gedruckt. Die »Dame de Fer« (die Eiserne Lady und, nein, nicht Margaret!) ist einer der Stars der spielerischen Kampagnen von Jean-Paul Goude für die Galeries Lafayette. Der Turm macht Laufstege unvergesslich, sei es der echte, der seit 2018 bei der Saint-Laurent-Schau hinter den Models funkelt, oder eine Nachbildung, unter der 2017 die Chanel-Models liefen.

Manchmal findet die Silhouette des Eiffelturms Eingang in die Kollektionen – was lustig ist, wenn man bedenkt, dass jegliche Form von Eiffelturm-Abbildung als »total touristisch« verlacht wird, wie zum Beispiel in der Serie *Emily in Paris* (2020), in der die Hauptdarstellerin wegen der turmförmigen Anhänger an ihrer Tasche verspottet wird. Doch mit dem *second degré* (ein bisschen Ironie) kann der Aufdruck von denjenigen, die sich auskennen, mit Stil getragen werden.

Im Jahr 2018 brachte Balenciaga eine Tasche mit Eiffelturm-Anhängern heraus und im darauffolgenden Jahr einen schwarzen Samtanzug, auf dem die Silhouette des Turmes mit Strasssteinen verziert war (später getragen von Carine Roitfeld, ehemalige Chefredakteurin der *VOGUE*). Der gleiche humorvolle Geist findet sich im Lookbook der Marke für 2021 bis 2022 wieder, in dem die Models wie typische Touristen posieren, die den Turm scheinbar zwischen den Fingern halten. Im Jahr 2000 ließ Jean Paul Gaultier Models in Kleidern oder Strumpfhosen mit riesigen Eiffelturm-Motiven über den Laufsteg flanieren.

An den Orten mit dem besten Blick auf den Turm, wie zum Beispiel der Rue de l'Université, wimmelt es nun von morgens bis abends von Amateur- und Profifotografen auf der Suche nach der perfekten Insta-Kulisse.

Ein Model trägt ein Kleid mit Eiffelturm-Print, Balenciaga Frühjahr/Sommer 2019.

Kapitel 2

LEGENDÄRE
DESIGNER*INNEN

COCO CHANEL

Elegante Schlichtheit

Eine Designerin, die den Charme der Parisienne wie kaum eine andere verkörpert, ist Coco Chanel. Indem sie ihre Vorliebe für Praktisches, schlichte Linien und neutrale Farben in Kleidung und Accessoires übersetzte, definierte sie im Alleingang die Vorlage für den inzwischen legendären Casual Chic der Parisienne.

Die junge Gabrielle »Coco« Chanel zog es inmitten der Belle Époque vor, sich »wie ein kleiner Junge« zu kleiden, anstatt voluminöse Kleider und Korsett zu tragen. Da sie keine Hüte finden konnte, die ihrer Vorliebe für schlichte Designs entsprachen, machte sie einfach ihre eigenen und hatte bald so großen Erfolg bei ihren Freundinnen, dass sie 1910 eine Boutique in der Pariser Rue Cambon eröffnete. Von da an war sie nicht mehr zu stoppen, gründete bald ihr Couture-Haus und ließ Schmuck-, Parfüm- und Kosmetiklinien folgen. Die Chanel-Ästhetik wurde zu einem ganzen Lebensstil.

Cocos Persönlichkeit als solche verkörpert die ideale Parisienne, wie sie sich die meisten Menschen vorstellen. Unabhängig, witzig und kompromisslos führte sie ein unangepasstes Leben als unverheiratete Karrierefrau.

Chanels Art, Mode zu konzipieren, war unglaublich modern. Sie schuf Kleidung für Frauen, die Subjekte statt Objekte

Coco Chanel demonstriert 1944 in Paris ihren unverwechselbaren eleganten und zurückhaltenden Stil.

Legendäre Designer*innen

waren. Ihr Ziel war es, mit ihren Entwürfen die Persönlichkeit einer Frau zum Strahlen zu bringen, anstatt sie unter Schichten von Stoffen zu ersticken. »Wenn eine Frau schlecht gekleidet ist, fällt einem das Kleid auf. Wenn sie tadellos gekleidet ist, fällt sie einem auf.«

Ihre Kleidung auf der Straße zu sehen, war eine der größten Belohnungen für sie. Als sie 1959 darauf angesprochen wurde, antwortete sie: »Mein Ziel war es, einen Stil zu schaffen. In Frankreich gab es keinen Stil mehr. Es gibt einen Stil in einer Nation, wenn die Leute auf der Straße so gekleidet sind wie ich, und ich glaube, das habe ich erreicht.«

Fast ein Jahrhundert später sind die von Chanel entworfenen Stücke zu festen Bestandteilen des französischen Stils geworden.

Sie erklärte: »Möge meine Legende wachsen und gedeihen – ich wünsche ihr ein langes und glückliches Leben.« Sie hat bekommen, was sie wollte.

Chanels Vermächtnis

- gestreifte Oberteile
- die Tweedjacke
- ein mutiger Einsatz von Modeschmuck und glänzenden Ornamenten (Knöpfe!)
- die 2.55, eine revolutionäre Tasche, die über der Schulter getragen werden kann
- (Jacken-)Taschen, ein wesentliches Element des lässigen Parisienne-Stils
- eine neutrale Farbpalette mit roten Akzenten

Model Anne St. Marie in einem klassischen Chanel-Anzug mit Perlen, *VOGUE,* 1955.

ELSA SCHIAPARELLI

Exzentrischer Chic

Die Pariser Mode gilt manchmal als zurückhaltend, doch einige der bekanntesten Designer sind für ihre exzentrischen Kreationen bekannt. Die in Italien geborene Aristokratin Elsa Schiaparelli faszinierte die Pariser High Society mit ihren kunstvollen Entwürfen.

Schiaparellis turbulentes Privatleben führte dazu, dass sie 1922 als dreißigjährige Mutter und geschiedene Frau in Paris ankam. Während Elsa ihren bescheidenen Lebensunterhalt mit Trödeln und Weiterverkaufen verdiente, träumte sie von Paul Poirets teuren Kleidern aus sinnlichen Stoffen und mit aufwendigen Stickereien. Zu dieser Zeit war der große Couturier, der die Frauen durch eine fließende Silhouette vom Korsett befreite, bereits passé. Seine fragilen Kleider passten nicht zum Lebensstil der modernen Frauen, die nun die sportliche Kleidung von Coco Chanel bevorzugten.

Als junge Frau interessierte sich Schiaparelli für Activewear, war aber unzufrieden mit den dazugehörigen Schnitten, die ihr zu schlicht waren. Für jedes Problem gibt es eine Lösung: Sie kreierte den mittlerweile ikonischen Pullover mit Trompel'Œil-Schleife, die im Stil einer optischen Täuschung in den Pullover eingearbeitet war. Der unmittelbare Erfolg veranlasste sie dazu, ihr eigenes Couture-Haus zu gründen.

Legendäre Designer*innen

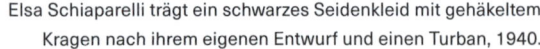

Elsa Schiaparelli trägt ein schwarzes Seidenkleid mit gehäkeltem Kragen nach ihrem eigenen Entwurf und einen Turban, 1940.

»Wirklich gute Kleidung kommt nie aus der Mode.«
Elsa Schiaparelli, Shocking Life

Mit ihrer grenzenlosen Fantasie war sie eine der ersten Designerinnen, die Kollektionen zu Themen wie Zirkus oder Sternzeichen entwarfen. Ihre Kleider hatten immer mindestens ein extravagantes Merkmal, um in Erinnerung zu bleiben: den Schnitt, die Farbe, den Druck oder die Accessoires. Das Markenzeichen ihres kühnen Chics war ein kräftiges Rosa mit einem Hauch von Magenta, das so grell war, dass man es schon von Weitem erkennen konnte. Sie nannte es »Shocking Pink«.

Die gut vernetzte Schiaparelli verkehrte mit »le tout Paris« und der Kunstszene. Genau wie ihr Mentor Paul Poiret, der einst den Maler Dufy einen Druck für sich entwerfen ließ, arbeitete sie mit mehreren befreundeten Künstlern zusammen, um museumswürdige Kleidungsstücke zu entwerfen, wie das denkwürdige Kleid mit Hummermotiv von Salvador Dalí. Als echte Künstlerin schuf sie stets die einzigartigsten Designs.

Schiaparellis Vermächtnis

- einzigartige, kunstvolle Details
- kräftige Farben als Statement
- Humor in der Mode

Abendmütze aus rotem Satin mit Visier und länglichem Guckloch von Schiaparelli, 1949.

Legendäre Designer*innen

CHRISTIAN DIOR

Konstruierte Weiblichkeit

Die extreme Raffinesse der ersten Kreationen von Christian Dior ist heute auf den Pariser Straßen vielleicht nicht mehr alltäglich, doch der revolutionäre Modeschöpfer ließ einen Sinn für Architektur einfließen, der die Mode für immer geprägt hat.

Der 1905 geborene Christian Dior begeisterte sich für Architektur, doch sein bürgerlicher Vater bestand darauf, dass er sich stattdessen am Pariser Institut für politische Studien einschrieb. Um einen kreativen Berufsweg einzuschlagen, verließ Christian das Institut und eröffnete zunächst eine Kunstgalerie, bevor er versuchte, seinen Lebensunterhalt als Modeillustrator zu verdienen. Nach einem holprigen Leben wurde er im Alter von 37 Jahren »Assistenz-Stylist« bei Lucien Lelong. Vier Jahre später überredete er den wohlhabenden Investor Marcel Boussac, in seine eigene Marke zu investieren. 1947 wurde Christian Dior Couture geboren.

Seine erste Kollektion war ein durchschlagender Erfolg. Im Gegensatz zu den maskulinen, minimalistischen Silhouetten, die durch die Kriegsumstände vorherrschend geworden waren, arbeitete Christian Dior mit abgerundeten Schultern, eng anliegender Taille und langen, voluminösen Röcken und schuf die hyperfemininen Silhouetten »Huit« und »Corolle«.

Christian Dior beim Arrangieren eines seiner Abendkleider in Paris in den 1940er-Jahren.

»Ihre Kleider haben einen ganz neuen Look«, sagte Carmel Snow, Redakteurin von *Harper's Bazaar*. Mit ihren üppigen Unterröcken und der obszönen Stoffmenge sorgten die Kleider im verarmten Nachkriegsfrankreich für einen Skandal, bevor sie von den Pariserinnen angenommen wurden, die nach Jahren der Entbehrung auf der Suche nach Glamour und Befreiung waren.

Die Kreationen von Christian Dior waren voller Blumenfarben und -drucke, die von seinem Elternhaus in der Normandie inspiriert waren, einem Ort, den er über alles liebte. Auf die Frage, wer der Gärtner ihres blühenden Gartens sei, antwortete seine Mutter immer: »Oh, das ist mein Sohn.« Seitdem sind Blumen Kennzeichen des Hauses Dior, die in den Parfüms, in der Farbgebung und in der Inszenierung der Schauen verwendet wird.

In den folgenden Jahren erfand der Modeschöpfer die Architektur der Silhouette immer wieder neu: Die »natürliche Linie« mit weicheren Kurven, die »lange Linie« für eine längere Silhouette, die »A-Linie« mit breiten Hüften und einer weniger engen Taille und die überraschende »Y-Linie« mit breiteren Schultern. Zehn Jahre nach seiner Gründung war das Modehaus weltweit erfolgreich, dann starb Christian Dior plötzlich und überließ sein Vermächtnis seinem jungen Assistenten: Yves Saint Laurent.

Diors Vermächtnis

- zeitgenössischer Glamour
- Blumendrucke und -farbtöne
- die Bar-Jacke mit Taillengürtel

Das Publikum bewundert eine der Kreationen von Christian Dior in seinem Pariser Salon, 1950er-Jahre.

CHLOÉ

Befreite Romantik

Die »Girls« von Chloé (wie die Marke sie bezeichnet), verkörpern in fließenden Silhouetten die Sorglosigkeit der 1970er-Jahre. Heute sind sie die eleganten Boho-Girls, die zwischen Saint-Germain-des-Prés und dem 11. Arrondissement anzutreffen sind.

Die wohlhabende, in Ägypten geborene Gaby Aghion wollte sich von der vom Korsett dominierten Couture der 1950er-Jahre lösen. Sie träumte von weichen Kleidungsstücken, in denen Frauen »ihr Leben leben« konnten. Für ihre erste Kollektion im Jahr 1952 wollte Gaby nicht den langen und kostspieligen Weg der Maßanfertigung gehen. Stattdessen entschied sie sich, eine Prêt-à-porter-Linie (Konfektionskleidung) mit höchsten Qualitätsstandards zu schaffen. Um dies zu erreichen, stellte sie eine ausgebildete Haute-Couture-Näherin ein, um die sechs von ihr gezeichneten Entwürfe anzufertigen, und kaufte selbst die hochwertigsten Materialien.

Dann klopfte die wagemutige Jungunternehmerin an die Türen von Couture-Häusern, die begannen, in ihren Boutiquen eine Reihe von Konfektionswaren anzubieten, um ihnen ihre Kreationen zu verkaufen. Sie hatte sofort Erfolg, was sie ermutigte, ihre Marke unter dem Namen Chloé (benannt nach ihrer besten Freundin) zu gründen.

Schauspielerin und Model Chris Royer in einem korallenroten Kleid von Karl Lagerfeld für Chloé, New York, 1975.

Legendäre Designer*innen

Ein Model trägt Polka Dots von Karl Lagerfeld für Chloé in Paris für die *VOGUE*, 1977.

Die DNA von Chloé ist von Gabys Jugend in Ägypten inspiriert. Die Kleider sind leicht und fließend, die weiche, erdige Farbpalette erinnert an den Wüstensand und die Pyramiden.

Über eines ihrer ersten Kleider sagte Aghion: »Ein Kleid wie ein T-Shirt zu gestalten, war avantgardistisch. Dieses Kleid war ein wahnsinniger Erfolg, denn es bedeutete ›Ich bin cool.‹«

Bald beschloss Gaby, einen ausgebildeten Designer zu engagieren, um ihre Vision zu entwickeln. Mit der Gabe, Talente in anderen zu erkennen, wählte sie 1966 den jungen Karl Lagerfeld aus, der das Haus zu großem Ruhm führte.

Bis 1985 entwickelte er mit Gaby im Hintergrund die Bohème von Chloé, bestehend aus leichten Kleidern, jungenhaften Schnitten und einer fröhlichen Haltung.

Chloés Vermächtnis

- die Seidenbluse, ein Pariser Basic
- zugänglicher Luxus
- Boho-Femininität
- pudrige Farbpalette
- natürliches Make-up und fließendes Haar

CÉLINE

Coole Bourgeoise

In den 1970er- und 1980er-Jahren sahen die Models in der Céline-Werbung aus wie die coolen Mütter und Töchter aus dem nobelsten Pariser Arrondissement. Ihre Anmutung ist so zeitlos pariserisch, dass die Silhouetten auch heute noch getragen werden könnten.

Céline Vipiana und ihr Ehemann Roger führten zunächst ein Kinderschuhgeschäft, das für reiche Pariser Mütter *the place to buy*, ein Shopping-Pflichttermin, war. Als Unternehmerin hatte Céline die Idee, eine Schuhkollektion für wohlhabende Frauen zu entwerfen. Ihr erster Erfolg waren ein Paar bequeme Slipper, die sie mit einer bronzenen Schnalle verzierte.

Im Jahr 1967 entwarf sie ihre erste Bekleidungskollektion, die sie Sportswear Couture taufte. Dieser ursprüngliche Titel ist nach wie vor maßgeblich für die DNA von Céline. Kleidung aus dem Haus soll sowohl praktisch als auch stilvoll sein. Die Formen sind weit und fließend für Bewegungsfreiheit, aber dennoch chic gestaltet. Zu ihren Favoriten gehören der Trenchcoat, die Kombination aus Rock und Bluse sowie Culottes. Die Farbpalette ist zurückhaltend und wird von neutralen Farben wie Beige, Braun oder Grau dominiert.

Célines Vermächtnis

- *Les jupes culottes* (Culottes oder auch Hosenröcke), die chic und praktisch zugleich sind
- Loafer als Basics
- neutrales Schottenkaro

Legendäre Designer*innen

Ein sportlicher Look aus dem Hause Céline in Paris, 1979.

YVES SAINT LAURENT

Gewagte Verlockung

Im Jahr 1966 sorgte Yves Saint Laurent mit einem Smoking für einen Skandal. Noch nie wurde ein Kleidungsstück aus der Herrenmode in einer Damenkollektion gezeigt. Dieser Anzug enthielt die Mode-DNA von Yves Saint Laurent, eine Kombination aus Couture-Perfektion, Macht und Skandal. Es ist eine Respektlosigkeit, die das rebellische Herz der Pariserin anspricht.

Der schüchterne 19-jährige Yves Mathieu Saint Laurent, der gerade aus Oran gekommen war, wurde von Christian Dior angeworben und bald zu seinem ersten Assistenten. Zwei Jahre später, nach dem Tod seines Mentors, ernannte man ihn zum Leiter des Hauses.

Mithilfe des Geschäftsmannes Pierre Bergé (mit dem er auch eine Liebesbeziehung hatte) gründete er sein eigenes Modehaus. In seiner Debütkollektion erfand er klassische maskuline Kleidungsstücke neu, indem er sie in Damenmode verwandelte. Die ersten waren der Trenchcoat und die Cabanjacke im Jahr 1962, gefolgt vom schockierenden Smoking im Jahr 1966, der Safarijacke im Jahr 1967 und dem Jumpsuit im Jahr 1968.

»Nichts ist schöner als ein nackter Körper«, sagte Yves Saint Laurent, der später selbst unbekleidet für den Fotografen

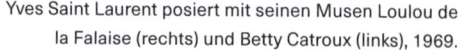

Yves Saint Laurent posiert mit seinen Musen Loulou de la Falaise (rechts) und Betty Catroux (links), 1969.

Model Claudia Schiffer im ikonischen Smoking während der letzten Schau vor Saint Laurents Rückzug aus der Modebranche, Paris, 2002.

Jeanloup Sieff posieren würde. Getreu dieser Aussage kreierte er 1966 transparente Kleider, durch die man die Brüste sehen konnte – ein Look, der die sexuelle Revolution verkörperte, die gerade stattfand.

Yves Saint Laurent ist berühmt für seine dominante Verwendung von Schwarz. »Schwarz ist meine Lieblingsfarbe – ich denke, dass es ohne Schwarz keine Linie gibt.« Beeinflusst von Nordafrika setzte er auch kühne, intensive Farbtöne ein und innovierte, indem er scharfe Farbkontraste über das gesamten Spektrum hinweg schuf. Das denkwürdige Mondrian-Kleid von 1965 weist all diese Merkmale auf.

Couture ist extrem teuer. Um seine Kleidung mehr Frauen zugänglich zu machen, wurde 1966 die Konfektionslinie Yves Saint Laurent Rive Gauche eingeführt. »Ich war es leid, Kleider für abgestumpfte Milliardärinnen zu entwerfen«, sagte Saint Laurent. 1968 war er der erste, der eine Boutique unter seinem Namen eröffnete – ein sofortiger Erfolg, der seine Marke bei den Pariserinnen allgegenwärtig machte. Die Schriftstellerin Marguerite Duras sagte: »Die Frauen von Saint Laurent wurden aus den Harems, Schlössern und Vorstädten befreit. Sie bewegen sich frei auf der Straße, in der Métro, im Prisunic [Supermarkt] und an der Börse.«

Das Ziel von Yves Saint Laurent war es, Frauen durch Stil stark zu machen. Er sagte: »Mode vergeht, Stil bleibt.« – und Pierre Bergé sagte: »Chanel gab den Frauen Freiheit. Saint Laurent hat ihnen Macht gegeben.«

Saint Laurents Vermächtnis

- Frauen in Hosen
- intensive Farben für tagsüber
- durchsichtige Stoffe

SONIA RYKIEL

Schelmische Feministin

Auf den Laufstegen von Sonia Rykiel lächeln und hüpfen die Models, werfen sich Küsse zu – so frei wie die rothaarige Designerin, die ihre bunten Stretchpullover und Rüschenkleider entworfen hat.

In den 1960er-Jahren war Sonia Rykiel frustriert, weil sie keine figurbetonten Strickwaren finden konnte. Sie beauftragte einen italienischen Wollhersteller mit der Produktion von Strickwaren nach ihren Vorstellungen und bat darum, dass der Strick so dünn wie möglich sein sollte. Die Muster mussten siebenmal neu angefertigt werden, bevor sie zufrieden war.

Als Befürworterin der revolutionären Ereignisse im Mai 1968 entwarf Sonia Rykiel Kleider, die die Bewegungsfreiheit so wenig wie möglich einschränkten und gleichzeitig freizügig waren. Dies war ein Weg, um Frauen als unabhängige Individuen zu stärken, die bereit sind zu verführen, anstatt verführt zu werden.

Sonia Rykiel stellte die Selbstdarstellung über Trends und gab den Frauen die Freiheit, ihre eigenen Stylistinnen zu sein.

Legendäre Designer*innen

Sonia Rykiels Vermächtnis

- körperbetonter Strick
- Spaß mit Streifen
- Strasssteine für tagsüber

Die Models tragen die eklektischen Kreationen von Sonia Rykiel für Frühjahr/Sommer 2010.

Frische, ganz in Weiß gehaltene Looks von der Menswear-Schau von agnès b. für Frühjahr/Sommer 2019 während der Paris Fashion Week.

Legendäre Designer*innen

AGNÈS B.

Charismatische Nonchalance

1979 schuf agnès b. ihr ikonischstes Stück: die Strickjacke mit Druckknopfverschluss, die sich im Handumdrehen öffnen lässt. Dieses verführerische und praktische Basic bringt ihren Stil auf den Punkt.

Agnès b. trat 1973 mit einem bodenständigen Ansatz und einem jugendlichen, minimalistischen Stil in die Modewelt ein, der in einer Ära der Eleganz hervorstach. Neben der Strickjacke mit Druckknöpfen sind das gestreifte Matrosenshirt Marinière, das weiße Hemd und der langärmelige Jumpsuit Sinnbild ihrer coolen *gamine*-Attitüde. Agnès b. lässt sich bei ihren Entwürfen und Stoffen von Berufsbekleidung inspirieren. Sie verwendet hauptsächlich Baumwolle in all ihren Formen sowie hochwertige Synthetikmaterialien.

Agnès b. ist in der Underground-Szene aktiv, verkauft ihre Kleidung in einer Boutique, die gleichzeitig eine Kunstgalerie ist, arbeitet für ihre Drucke mit Künstlern zusammen und sponsert ein Kunstprogramm.

»Ich mag keine Mode, ich mag Kleidung«, sagt sie und stellt sich gegen die immer schnelleren Trendwechsel.

agnès b.s Vermächtnis

- Streetstyle als legitimer Einfluss auf die Mode
- der Workwear-Jumpsuit als Basic für tagsüber
- die Strickjacke mit Druckknöpfen, die man blitzschnell öffnen kann (allerdings nicht, um vor Leuten blankzuziehen)

Legendäre Designer*innen

JEAN PAUL GAULTIER

Heitere Couture

Die Parisienne war eine unerschöpfliche Inspirationsquelle für Jean Paul Gaultier, der Klischees verdrehte, um sie in Couture-Meisterwerke zu verwandeln.

Zu Beginn seiner Karriere arbeitete Jean Paul Gaultier tagsüber für den Modeschöpfer Pierre Cardin und verbrachte seine Nächte im Nachtclub Le Palace. Beide Aktivitäten erwiesen sich später gleichermaßen als prägend.

Seine 1976 selbst produzierte Debütkollektion war laut dem Designer chaotisch, legte aber den Grundstein für seinen fröhlichen, eklektischen Stil, der eine ikonische Bikerjacke mit einem Tutu kombinierte. Dank der finanziellen Unterstützung eines Investors war Gaultier in der Lage, erfolgreiche Kollektionen zu entwickeln. Zusammen mit der neuen Generation von *créateurs* präsentierte er sie in spektakulär festlichen Modenschauen.

Gaultiers Inspirationsquellen sind vielfältig. Ein Fassbender-Film von 1982 mit sexy Matrosen löste seine Obsession für Streifen aus, und das Korsett seiner Großmutter war der Ideengeber für Madonnas spitzbrüstiges Satinkostüm. Er ist fasziniert von Pop-, Rock- und Underground-Kulturen sowie von historischen Kostümen.

Paris ist ein wiederkehrendes Thema in seinen Werken. Wie auf der Webseite der Marke zu lesen ist, feiert Gaultier die »unverschämte Freiheit der Stadt der Lichter«, »die bösen

Madonna trägt ein konisches BH-Korsett von Jean Paul Gaultier auf ihrer Blond Ambition World Tour, Niederlande, 1990.

Beth Ditto und Jean Paul Gaultier schreiten während der Paris Fashion Week über den Laufsteg seiner Frühjahr/Sommer-Schau 2011.

Mädchen, die wilden Bourgeoises, die frechen Kids, die androgynen Kreaturen und die Königinnen der Nacht«, wobei er sich nicht scheut, Klischees neu zu interpretieren – mit Kleidern im Cancan-Stil und Strumpfhosen mit Eiffelturm-Aufdruck. Gaultier hat den ikonischen Pariser Trench, einen Klassiker seit Saint Laurent, auf jede erdenkliche Art und Weise uminterpretiert. Er entwarf sogar Kostüme für die altehrwürdige Akkordeonistin Yvette Horner, zum Beispiel ein glitzerndes Volantkleid in den Farben der französischen Trikolore, und kreierte eine »Pain Couture«-Ausstellung mit Kleidern aus Baguettes.

Gaultier, der der Meinung ist, dass Kleidung nicht geschlechtsspezifisch sein sollte, trägt Röcke und kleidet Frauen in Matrosenhüte und Hosenträger. In seiner Parfümwerbung verschwimmen die traditionellen Rollen mit jungenhaften Männern und starken Frauen.

Entgegen dem üblichen Snobismus der Modeelite liebt Gaultier die Mainstreamkultur, aber auch Außenseiter. Viele ungewöhnliche Musen sind für ihn gelaufen: die Burlesque-Tänzerin Dita Von Teese, die Plus-Size-Sängerin Beth Ditto, der französische Reality-TV-Star Loana und die Eurovision-Siegerin und Dragqueen Conchita Wurst.

Mit seinen ewig gebleichten Haaren und seinem Streifenoberteil ist der Designer selbst eine Popikone.

Dank Gaultier und anderen Stardesignern der 1980er-Jahre wurde Mode etwas, das Spaß machte.

Gaultiers Vermächtnis

- Verwischen der Geschlechtergrenzen
- Mode als Teil der Popkultur
- Unterwäsche als Oberbekleidung
- Klischees der französischen Mode

ISABEL MARANT

Urbane Bohème

»Es vergeht kein Tag, an dem ich nicht ein Mädchen in meinen Kleidern auf der Straße sehe«, bemerkt Isabel Marant (im Gespräch mit *Le Monde* im Jahr 2019). Das ist die beste Belohnung für eine Frau, die ein cooles Repertoire an Alltagsmode geschaffen hat. Boho, rockig und sexy: Isabel Marant entwirft Kleidung, die sie selbst gern tragen würde.

> »Ich möchte, dass meine Kleider auf einfache Art und Weise perfekt sind.«
> *Isabel Marant*

Marant, die unter stilbewussten Menschen aufgewachsen ist, hat immer die Coolness der Eleganz vorgezogen. Kurz nach dem Abitur gründete die visionäre, umweltbewusste Designerin eine Upcycling-Marke. Anschließend studierte sie Mode im Studio Berçot und arbeitete einige Jahre in der Branche, bevor sie 1995 ihre gleichnamige Marke gründete. Die Präsentation ihrer ersten Kollektion in einem besetzten Haus, bei der sie ihre Freunde als Models einsetzte, war ein großer Erfolg. Ihre erste Boutique im hippen 11. Arrondissement, die 1998 eröffnet wurde, zog vom ersten Tag an jede Menge trendige Pariserinnen an.

Ihr Stil ist lässig, inspiriert von ihrem urbanen Pariser Alltag und ihren Reisen um die Welt. Sie mischt Boho und Sportswear,

Isabel Marant nimmt ihren Applaus am Ende ihrer Frühjahr/Sommer-Schau 2014 in Paris entgegen.

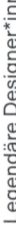

Maskulinität und Mädchenhaftigkeit, Romantik und Rock, sie kombiniert fließende Blusen mit Bikerjacken, gerüschte Miniröcke mit Plateausneakers oder Blumenkleider mit Cowboystiefeln. Der *New Yorker* nannte sie »die Frau, die die Pariser Coolness definierte«.

Die Designerin bevorzugt natürliche Stoffe wie Baumwolle, Seide, Leinen, Wolle oder Leder in erdigen und gedeckten Farbtönen. Wenn sie mit dem von der kalifornischen Surfkultur inspirierten Barbie-Pink arbeitet, wird der Stoff verwaschen, um seine Leuchtkraft zu mindern. Bei Isabel Marant sieht die Kleidung nie »zu neu« aus.

Marant selbst ist bekannt für ihren natürlichen Look mit ergrautem Haar und ohne Make-up. Sie entwirft Kleidung für Frauen wie sie selbst. Gegenüber dem *Daily Telegraph* erklärte sie: »Es gibt nicht viele Marken, die man jeden Tag anziehen kann, wenn man zur Arbeit muss, keinen Fahrer hat, rennen muss, die Kinder zur Schule bringen, im Büro gut aussehen und direkt danach noch mit Freunden abendessen gehen. Ich meine, so ist unser Leben.«

Isabel Marants Vermächtnis

- Kleidungsstücke mit Patina
- eine Parisienne, die boho, rockig und sportlich urban ist
- sexy cool

Ein Model trägt bei der Herbst/Winter-Schau 2014/15 von Isabel Marant während der Paris Fashion Week von Kopf bis Fuß Erdtöne.

KARL LAGERFELD

Meister der Reminiszenz

In seinen 36 Jahren als Kreativdirektor von Chanel hat Karl Lagerfeld das Vermächtnis von Coco zu einer weltweit bekannten Marke gemacht.

1983 war Chanel ein alterndes Haus, als seine Besitzer, die Gebrüder Wertheimer, Karl Lagerfeld die Position des Leiters der Couture- und Konfektionslinie anboten. Der 49-jährige Designer arbeitete damals erfolgreich als Freelancer für viele renommierte Häuser, darunter Chloé und Fendi. »Mach, was du willst«, sagten die Wertheimers zu ihm. »Schreibt das in den Vertrag«, antwortete Lagerfeld.

Als lebende Mode-Enzyklopädie hat Karl Lagerfeld die ikonischen Kreationen von Coco Chanel auf den neuesten Stand gebracht. Er kürzte die Tweedjacke und kombinierte sie mit Jeans. Wandelte die Kamelienbrosche in Plastik um. Trieb die Vorliebe von Coco für Modeschmuck auf die Spitze. Fügte Pop-Farben hinzu. Er kürzte sogar die Röcke. »Ich schätze, sie hätte ... meine Arbeit gehasst«, sagte Lagerfeld. »Am Ende hasste sie Miniröcke. Wenn man anfängt, mit der Mode einer Zeit nicht einverstanden zu sein, hat man ein Problem.«

Er verwandelte das Logo in etwas Lustiges und Schickes und fügte es überall ein, angefangen damit, dass er den Verschluss der einfachen 2.55-Tasche durch ein Doppel-C ersetzte.

Um die moderne Chanel-Couture zu kreieren, verließ er sich auf das Know-how der hauseigenen Facharbeiter, die sein

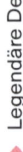

Legendäre Designer*innen

Naomi Campbell in einem einfarbenen rosa Outfit bei der Chanel-Schau Frühjahr/Sommer 1993/94 während der Paris Fashion Week.

Karl Lagerfeld trägt seine ikonische Sonnenbrille auf dem Laufsteg der Chanel-Schau Herbst/Winter 2011/12 während der Paris Fashion Week.

Fachwissen lobten. Handwerk ist sehr wichtig für das Haus Chanel, das unter seiner Leitung spezialisierte (und historische) Werkstätten wie die Stickerei Lesage und den *plumassier* Lemarié übernommen hat, um ihr Wissen zu bewahren.

Lagerfeld war nicht nur ein hervorragender Designer, sondern auch ein Meister des Marketings und der Kommunikation. Sein überraschendster Marketingkniff bestand darin, sich selbst zu einer Marke zu machen. In den frühen 2000er-Jahren nahm er ab, um »in die maßgeschneiderten Dior-Anzüge von Hedi Slimane zu passen«. Seine Silhouette war sofort erkennbar: kantig, schwarz-weiß, mit hohem Kragen, vielen Ringen, schwarzer Brille, sein glattes weißes Haar zu einem niedrigen Pferdeschwanz gebunden.

Im Jahr 2004 war er der erste Modedesigner, der eine Capsule-Kollektion für H&M entwarf. Die Markteinführung war ein Triumph, alle Stücke waren innerhalb von Minuten in allen Modemetropolen ausverkauft.

Er verwandelte die Modeschauen von Chanel in unvergessliche Darbietungen. Zum einen, indem er Inès de la Fressange nach Belieben agieren und auf der Bühne eine Zigarre rauchen oder schelmisch blinzeln ließ, und zum anderen, indem er die fabelhaftesten Supermodels der Zeit wie Claudia Schiffer oder Kate Moss engagierte. Ab 2005 schließlich platzierte er den Laufsteg im monumentalen Grand Palais, um grandiose Kulissen zu schaffen, die in den sozialen Medien geteilt werden sollten. Eine war beeindruckender als die andere: Die Dächer von Paris, eine alte Brasserie, der Strand von Deauville (Sand und Wellen inklusive) und sogar eine Chanel-Rakete!

Die Neugestaltung von Chanel inspirierte die Investoren dazu, andere *belles endormies,* Modehäuser mit einer Geschichte und einem einprägsamen Namen, die entweder geschlossen waren oder ihre Anziehungskraft verloren hatten, wiederzubeleben und sie zu globalen Luxusmarken zu machen. Wir haben das Comeback von Carven, Vionnet, Schiaparelli, Patou, Paco Rabanne, Courrèges miterlebt. Die Geschichte der französischen Couture ist zu einem Marketinginstrument geworden.

Karl Lagerfeld hat nicht nur Meisterwerke der Couture geschaffen: Er hat die französische Couture in das digitale, globale Zeitalter geführt.

Karl Lagerfelds Vermächtnis

- verspielte Verwendung von Logos
- die Idee, dass jedes Modehaus seine eigene DNA hat
- der Designer als Popstar

HEDI SLIMANE

Stilvoller Rock

Egal ob er für Dior Homme, Saint Laurent oder Céline entwirft, Hedi Slimane kreiert »du Slimane«: eine jugendliche, rockige und glamouröse Mode. »Ich war immer auf der Suche nach demselben Charakter, egal ob Junge oder Mädchen, und dabei habe ich eine gewisse Anziehungskraft und eine Silhouette definiert«, sagte er gegenüber *Le Monde* im Jahr 2020.

Der in Paris als Sohn einer Näherin geborene Hedi Slimane begann im Alter von 16 Jahren, seine eigene Kleidung zu entwerfen, da er keine passende für seine schlanke Figur finden konnte. Nach seinem Studium an der École du Louvre arbeitete er als Assistent des Modeberaters Jean-Jacques Picart, bevor er zum Leiter der Herrenmode von Yves Saint Laurent ernannt wurde.

Im Jahr 2000 nahm seine Karriere als erster Designer von Dior Homme Fahrt auf. Da das Haus zuvor keine Herrenmode angeboten hatte, konnte Hedi Slimane vor einer leeren Leinwand entwerfen. Aus Diors Vermächtnis übernahm er die strukturierte Silhouette. Der Rest wurde von seinem eigenen Universum beeinflusst. Der »schlanke Zauber« bezog sich auf die androgynen Männer, mit denen er sich identifizierte, wie David Bowie oder Serge Gainsbourg. Die Looks wurden von der Musik und den Städten, die er liebte, inspiriert: die Rockästhetik Londons oder die Rationalität Berlins.

Ein Model trägt ein goldenes Kleid mit Leopardenmuster von Hedi Slimane für die Frühjahr/Sommer-Schau 2015 von Yves Saint Laurent während der Paris Fashion Week.

Hedi Slimane in seiner charakteristischen, schlanken Schneiderkunst.

Wie seinerzeit Christian Dior erfand Hedi Slimane einen neuen Look, den alle wollten. Sogar Frauen kauften Dior Homme, ganz im Sinne von Slimanes Liebe zur Geschlechtervielfalt.

Von 2012 bis 2016 entwarf er für Saint Laurent Femme die Garderobe eines Partygirls und reiste dabei durch verschiedene Musikgenres und Epochen. Und immer jung und sexy, ob im Grunge der 1990er, im Discostil der 1960er oder im Glam der 1970er. Das Vermächtnis von Saint Laurent war in den schwarzen, dominanten Linien präsent, die mit intensiven Farben, Pailletten und Lamé verziert sind. »Man betritt ein Couture-Haus nicht, um denjenigen zu imitieren, der vor einem da war ... und auch nicht, um sich dem zu widersetzen«, sagte er gegenüber *LE FIGARO*.

Im Jahr 2018 kehrte der Designer nach zehn Jahren in Los Angeles nach Paris zurück. Seine erste Céline-Show, inspiriert von den Pariser Nächten seiner Jugend, wurde heftig kritisiert, weil er Slimane statt Céline zeigte. Von der nächsten Show an spielte er mit den bürgerlichen Stilmerkmalen von Céline und erfand eine moderne, coole und vornehme Pariserin neu. »Bei Céline musste ich ›eine bestimmte Vorstellung von Frankreich‹ entwickeln ..., um mich auf vergessene Charakteristika zu konzentrieren, bevor ich neue schuf, die in meiner eigenen Pariser Kultur verwurzelt sind.« (*Le Monde*, 2020). Im Laufe der Shows bleibt die Céline-by-Slimane-Frau modern und integriert Sportswear und Skater-Stilelemente in ihre bürgerliche französische Basis.

Hedi Slimane entwirft Kleidung, die klassisch und niemals konzeptionell ist, und schafft damit eine gewisse Faszination, eine Garderobe.

Hedi Slimanes Vermächtnis

- Pariser Rock-Attitüde
- ein Markenzeichen ohne Haus
- die sehr schlanke Silhouette

Kapitel 3

BERÜHMTE
BASICS

DIE BASKENMÜTZE

Die Baskenmütze ist ein derartiges Klischee, dass das Tragen eben jener fast schon unfranzösisch wirkt. Es ist die Amerikanerin Emily, die in Paris eine rote Baskenmütze trägt. Die Franzosen tragen sie zwar, aber meinen das nie allzu ernst.

Ironischerweise sind die Ursprünge der Baskenmütze alles andere als chic – wenn auch unklar. Entweder entwickelte sie sich im 15. Jahrhundert aus den Hüten der Schafhirten in den Pyrenäen oder aus denen, die die Zwiebelzüchter in der Bretagne trugen.

> **»Ein Regenmantel, eine Baskenmütze, *voilà tout!*«**
> *Coco Chanel*

Sie besteht aus engmaschiger Schafwolle, ist warm, robust und wasserabweisend. Dieser sehr praktische Hut wurde bald von Soldaten und Gelehrten getragen. Später wurde sie Teil der Sportkleidung von Golfern, Alpinisten, Bergsteigern, Radfahrern und Tennisspielern sowie der revolutionären Uniform der französischen Résistance. Von da an wurde sie *à la ville* (in der Stadt) von allen Geschlechtern getragen.

Gabrielle Chanel war eine der ersten, die in den 1930er-Jahren Baskenmützen in ihre Kollektionen aufnahm und die Schlichtheit dieser kleinen Kopfbedeckung lobte. Ihre Popularität stieg weiter, als der französische Filmstar Michèle Morgan sie 1938 in *Hafen im Neben* trug. Gabrielle »Coco« Chanel selbst hatte die Filmemacher mit den Worten beraten: »Ein Film wie dieser braucht kein Kleid: ein Regenmantel, eine Baskenmütze, das war's [*voilà tout*].« Dreißig Jahre später verkörperte Brigitte Bardot im Video

Influencerin Louise Ebel, fotografiert von Pauline Darley in Paris.

Catherine Deneuve trägt eine weiße Baskenmütze bei den Dreharbeiten zu *Die Mädchen von Rochefort* von Jacques Demy, 1966.

Adwoa Aboah trägt ein dunkles, spitzenbesetztes Kleid mit einer Lederbaskenmütze bei der Christian-Dior-Schau für Herbst/Winter 2017/18 während der Paris Fashion Week.

zu dem Song *Bonnie and Clyde* ein sexy androgynes Mädchen mit gebürstetem Bob und schwarzer Baskenmütze.

Eine Baskenmütze ist eine perfekte Leinwand für Mode. Sie ist in verschiedenen Farben erhältlich und kann auf verschiedene Arten gestylt werden – gerade oder seitlich, ganz oben auf dem Kopf oder bis zu den Brauen heruntergezogen – und sie lässt sich nach Belieben verzieren. Während der Modeexzesse der 1980er-Jahre waren die Baskenmützen mit Abzeichen und Broschen bedeckt.

2017 ließ Maria Grazia Chiuri das gesamte Dior-Ensemble mit schwarzen Lederbaskenmützen über den Laufsteg schreiten.

DIE MARINIÈRE

Horizontale Streifen wurden ursprünglich mit marginalisierten Bevölkerungsgruppen wie Gefangenen oder Prostituierten in Verbindung gebracht – und mit Matrosen.

Im Jahr 1858 wurde diese Strickware durch ein Gesetz zur offiziellen Grundlage der Matrosenuniform, daher der Name *la marinière*. Da viele französische Seeleute aus der Bretagne stammten, heißt es im Deutschen auch »bretonisches Fischerhemd«.

In den 1920er-Jahren ließ sich die junge Gabrielle Chanel auf der Suche nach bequemer und eleganter Kleidung in der Küstenregion Normandie von den gestreiften Matrosenhemden aus bequemem Jersey (einem dehnbaren Strickmaterial) inspirieren. Sie entwarf ihre eigene Version und verkaufte sie als Damenmode in ihrer Boutique in Deauville.

Seit den 1960er-Jahren spielen die Designer mit dem französischen Markenzeichen, den weißen und marineblauen Streifen. Yves Saint Laurent setzte sie 1966 in seiner Kollektion »Marin« auf Kleidern in Szene. 1983 machte der exzentrische aufstrebende Designer Jean Paul Gaultier die Marinières zum Thema seiner »Toy boy«-Kollektion und begründete damit ein Thema, das in seine Stil-DNA eingehen sollte. Er schmückt die Marinières mit Rüschen, Federn und Glitzer und kombiniert sie sogar mit Matrosenhüten. 2009 kreierte Christophe Decarnin bei Balmain ein mit Pailletten besetztes, schultergepolstertes bretonisches Hemd, das von allen französischen Topmarken (darunter Sandro und Maje) kopiert wurde.

Die zeitloseste Marinière wird von Saint James in der Normandie hergestellt, einem Unternehmen, das sich auf Segelbekleidung spezialisiert hat.

Berühmte Basics

Coco Chanel und ihr Hund, fotografiert in ihrem Haus, der Villa La Pausa, an der französischen Riviera, um 1930.

ROTE LIPPEN

Die Parisienne trägt nicht viel Make-up, außer gelegentlich Lippen in kräftigem Rot oder schwarze Smokey Eyes – sagt jeder französische Visagist.

Die Kunst, die Lippen zu färben, war schon im alten Ägypten bekannt, verschwand aber über Jahrhunderte in Europa, weil die katholische Kirche es für eine Sünde hielt. Nur Prostituierte benutzten weiterhin Lippenfarbe.

In Frankreich erlebte der Lippenstift ein Comeback, als Berühmtheiten der Belle Époque, wie die Schauspielerin Sarah Bernhardt, ihn benutzten, um ihre Lippen zu betonen, damit man sie auf der Bühne auch von Weitem sehen konnte.

1870 kreierte das Parfüm- und Kosmetikunternehmen Guerlain den ersten Lippenstift, obwohl eine Verwendung damals noch als skandalös galt. Er wurde aus Kerzenwachs und Pigmenten hergestellt und in einem kleinen Etui mit Schiebeöffnung geliefert. Im Laufe der Jahre entwickelte die Marke immer raffiniertere Methoden, um ihn aufzutragen, bis sie schließlich 1936 ihren ikonischen »automatischen Lippenstift« kreierte.

In den 1920er-Jahren gehörten Avantgarde-Frauen wie Coco Chanel oder die Tänzerin Josephine Baker zu den ersten berühmten Frauen, die auffällige Lippen in ihren Alltagslook integrierten. Ende der 1930er-Jahre waren farbige Lippen bei den Pariserinnen sehr beliebt und es entstanden mehrere Marken. Unter anderem brachte die Kultmarke Le Rouge Baiser eine kussechte Version auf den Markt, die als »le rouge qui résiste à tout même aux baisers« (das Rot, das alles aushält, sogar Küsse) beworben wurde. Le Rouge Baiser wurde in Frankreich ein Bestseller, bevor die Marke ihren Weg nach Hollywood fand.

Berühmte Basics

Werbeanzeige in einer Zeitschrift von Le Rouge Baiser aus den 1950er-Jahren.

CHANEL

The lasting brilliance of Rouge Extrême.
A stroke of genius from Paris.

Berühmte Basics

Anzeige für einen Chanel-Lippenstift in einer Zeitschrift um 1983.

Juliette Binoche trägt eine Jacke mit Leopardenmuster
und rote Lippen in Paris, 1991.

Im Jahr 1940 verfestigte sich die Popularität des Lippenstifts in Frankreich – aus einem unerwarteten Grund. Nachdem Hitler gesagt hatte, er »verachte Lippenstift«, färbten sich die Pariserinnen aus Trotz die Lippen und verwendeten Rote-Bete-Saft, wenn nichts anderes zur Verfügung stand.

> **»Wenn du traurig bist, trage Lippenstift auf und greife an.«**
> *Coco Chanel*

Nach seinem goldenen Zeitalter in den 1950er-Jahren durchlebte der Lippenstifttrend einige Höhen und Tiefen. In den 1960er- und 1970er-Jahren – als die Augen im Mittelpunkt standen – war er weniger sichtbar. In den letzten Jahrzehnten des 20. Jahrhunderts erlebte er ein Comeback und wurde zuletzt durch den »Retro French Girl«-Hype bei Instagram in den 2010er-Jahren populär.

Wenn Sie nach Ratschlägen für den französischen Schönheitslook suchen, werden Sie zahlreiche Ergebnisse finden. Laut der Visagistin Violette Serrat geht es beim französischen Make-up darum, die Gesichtszüge zu betonen, anstatt sie neu zu erfinden. Und dafür ist der Lippenstift die perfekte Waffe.

Wie Coco Chanel bekanntlich sagte: »Wenn du traurig bist, trage Lippenstift auf und greife an.«

Berühmte Basics

DER TRENCH-COAT

Mit seiner androgynen und dramatischen Anmutung ist der schicke, praktische Regenmantel zu einem festen Bestandteil des Pariser Stils geworden, obwohl er seinen Ursprung auf der anderen Seite des Ärmelkanals hat.

Der wasserabweisende Mantel wurde 1820 entwickelt, um dem stürmischen englischen Wetter zu trotzen, und erlangte Berühmtheit, als er von Armeeoffizieren in den Schützengräben (engl. *trenches*) des Ersten Weltkriegs getragen wurde. Obwohl er schlammbefleckt war, galt er bereits als chic, da er nur von den oberen Rängen des Militärs getragen wurde. Noch lange nach dem Krieg war er bei den Männern beliebt und wurde von Hollywood an die elegantesten Schauspielerinnen wie Audrey Hepburn angepasst.

Die emanzipierten Pariserinnen der 1960er-Jahre, die auf der Suche nach Praktikabilität und Klasse waren, übernahmen den Trenchcoat. Am Set des Filmes *Die Regenschirme von Cherbourg* aus dem Jahr 1964 trotzt die junge Catherine Deneuve dem regnerischen Wetter in der Normandie und sieht dabei in ihrem beigen Trench und mit der schwarzen Schleife im Haar hinreißend aus.

Der Trenchcoat ging in die Pariser Modegeschichte ein, als Yves Saint Laurent ihn in seine Kollektion 1962 aufnahm. Mit seinem Stil und seiner Eleganz ist der Trench seither ein fester Bestandteil der Garderobe der Parisienne. Grafisch und knielang in den 1960ern, lang und schmal in den 1970ern, breitschultrig und eng an der Taille in den 1980ern – der Trenchcoat passt sich der Silhouette des jeweiligen Jahrzehnts an. Ziehen Sie ihn an, und Sie werden sofort wie eine Parisienne aussehen.

Berühmte Basics

Nino Castelnuovo und Catherine Deneuve gehen in einer Szene aus *Die Regenschirme von Cherbourg* (1964) über einen nassen Bürgersteig.

Berühmte Basics

DiE WEiSSE BLUSE

Die weiße Bluse wird in der gesamten »How to dress French«-Literatur als Basic für die Garderobe aufgeführt, doch ist dieser Look nicht leicht zu meistern, da die Bluse tadellos gebügelt sein muss.

Die weiße Bluse ist in der Garderobe der Französin ein ideales, vielseitig einsetzbares Kleidungsstück. Sie kann mit Juwelen verziert werden wie bei der verstorbenen Coco Chanel, offen getragen wie bei Jane Birkin oder ordentlich geschlossen wie bei der in Frankreich so beliebten Audrey Hepburn. Der Kragen und die Ärmel können als Verzierung dienen, wie zum Beispiel bei dem ikonischen schwarz-weiß kontrastierenden Kleid, das Yves Saint Laurent für Catherine Deneuve in *Belle de Jour – Schöne des Tages* entworfen hat.

Die Vielfalt der Kragenstile und -formen wird immer größer. »Oversized« bedeutet cool, »fitted« ist dezenter, Peter-Pan-Kragen sind niedlich, der Schleifenlook ist stolz, Rüschen wirken glamourös und so weiter. Diese Allzweck-Basics gibt es bei Spezialisten wie dem 1838 gegründeten Luxus-*chemiseur* (Hemdenhersteller) Charvet, der in einem Herrenhaus in der Rue de la Paix untergebracht ist, oder dem 1968 gegründeten Alain Figaret, wenn Sie ein kleineres Budget haben. Viele Modehäuser wie agnès b. und Yves Saint Laurent haben in ihren Kollektionen immer eine blütenweiße Bluse. Die weiße Bluse wird immer wieder neu interpretiert: Die Modeschöpferin Anne Fontaine spielt seit 1993 mit ihrer Form und verstärkt sie durch zahlreiche Verzierungen, während Alexis Mabille sie in ein Couture-Abendkleid verwandelt.

Parisiennes lieben vielseitige Kleidungsstücke, und die weiße Bluse ist auf jeden Fall eine hervorragende Basis.

Ein Model trägt eine weiße Bluse mit Krawatte und auffälligem Schmuck bei Karl Lagerfelds Chanel-Schau Frühjahr/Sommer 1987 in Paris.

SCHALS

Die Franzosen lieben ihre Schals, was sich an der Anzahl der Wörter zeigt, die es gibt, um sie zu beschreiben. Zum Beispiel gibt es die *écharpe* (einen dicken Wollschal), den *foulard* (einen leichteren Schal, oft aus Seide oder Baumwolle), den *carré* (einen quadratischen Seidenschal) und den *châle* (eine Stola).

In den 1800er-Jahren trugen Aristokraten schicke Seidenschals, die ordentlich um den Hals gebunden waren. Sie wurden zumeist in Lyon hergestellt, wo die Seidenindustrie boomte. Die Männer aus der Arbeiterklasse trugen ähnliche Modelle aus Baumwolle. Ursprünglich dienten diese Schals dazu, sich im Winter warmzuhalten und im Sommer den Schweiß aufzusaugen und wurden zum Symbol der Arbeiterklasse.

In den 1920er-Jahren wurden Schals zu einem raffinierten Modeaccessoire für Frauen und man trug sie als Kopfbedeckung oder um den Hals. 1936 lancierte Hermès das ikonische »Carré de Soie«, einen quadratischen, bedruckten Seidenschal, der ein großer Erfolg wurde. Die Art und Weise, diese Insignie des Wohlstands zu tragen, hat sich im Laufe der Jahre verändert: unter dem Kinn zusammengebunden wie bei Grace Kelly oder, in den 1970er-Jahren, als Turban um das Haar gewickelt. Seitdem waren viele Arten von Schals im Trend: dicke Strickschals in den 1980ern, schlichte Cashmeres in den 1990ern, schmale Schals in den 2000ern und lockere, fließende Schals im Stil von Isabel Marant um 2010.

Die Kunst des französischen Schals liegt in der Art, wie man ihn trägt. Auf der Suche nach Antworten veröffentlichte die *VOGUE* mehrere Artikel darüber, wie man einen Schal »wie eine Französin« trägt. Ich würde sagen, die Antwort ist, sich nicht zu sehr anzustrengen, obwohl ich selbst ein paar geheime Tricks habe.

Berühmte Basics

Der lässige Streetstyle von Stylistin Geraldine Saglio auf der Paris Fashion Week, Frühjahr/Sommer 2019.

SCHULTER- UND UMHÄNGETASCHEN

Die Pariser Lässigkeit besteht darin, sich frei bewegen zu können, ohne von der Kleidung eingeengt zu werden, und das ermöglichen Schulter- und Umhängetaschen.

Bis in die 1940er-Jahre wurden die meisten Damentaschen in der Hand oder am Unterarm getragen. Sie waren starr und nicht sehr praktisch. Coco Chanel war es leid, unzählige Taschen zu umklammern oder gar zu verlieren, und entwarf 1929 eine der ersten Taschen mit langem Riemen. Im Februar 1955 kreierte sie dann die kultige 2.55, die von den praktischen Umhängetaschen des Militärs inspiriert war. Gemacht, um die Bedürfnisse der modernen Frau zu erfüllen, sind die Träger lang genug, um über der Schulter getragen zu werden, der Stoff ist widerstandsfähig und weich, und die Steppung sorgt für zusätzliches Volumen und komfortable Polsterung. Sie hat sieben Fächer: das wie das Mona-Lisa-Lächeln geschwungene Außenfach an der Innenseite, die Hauptfächer in der Mitte, ein schmales Mittelfach für den Lippenstift und das Innenfach mit Reißverschluss für persönlichere Gegenstände. Mit einer solchen Tasche konnte Chanel ihre Hände in den Taschen lassen, wie sie es gern tat.

Es gibt unzählige Arten von Taschen, bei denen die Hände frei bleiben, ob luxuriös oder erschwinglich. 1956 kreierte Hermès die nach Grace Kelly benannte »Kelly«-Tasche mit abnehmbarem Schulterriemen für den Alltag. Seit 2013 hat die »Demi-lune«-Umhängetasche des Pariser Labels APC Kultstatus erreicht.

Die Art, eine Umhängetasche zu tragen, änderte sich im Laufe der Jahre. Sie können sie unter dem Arm à la Coco Chanel, tief auf der Hüfte im Boho-Stil, mit festem Riemen für einen sportlichen Crossbody-Look oder sogar auf halber Höhe des Rückens tragen. So können Sie Ihren Stil schnell und einfach ändern, ohne eine neue Tasche kaufen zu müssen.

Eine klassische, aber moderne Kombination aus beiger Chanel-11.12-Tasche und weichem cremefarbenem Strick.

Mireille Darc trägt ein rückenfreies schwarzes Kleid als Christine in *Der große Blonde mit dem schwarzen Schuh*, 1972.

DAS KLEINE SCHWARZE

»Mit einem schwarzen Kleid ist man weder over- noch underdressed«, behauptete Karl Lagerfeld. Die Parisiennes lieben Chamäleons in ihrem Kleiderschrank und die *petite robe noire* ist das beste Beispiel dafür.

Nach dem Ersten Weltkrieg herrschte in Frankreich Trauer. Die Frauen trugen schlichte schwarze Kleider, die zu einem Symbol für zurückhaltende Eleganz wurden. Coco Chanel schuf ihre Version 1926: fließend, schlicht – mit einem zeitlosen Design.

Glamourös in den 1950ern, minimalistisch in den 1960ern, fließend in den 1970ern, kraftvoll in den 1980ern, ultraschmal in den 1990er-Jahren – das kleine Schwarze folgt Trends. Es kann edler oder lässiger gestylt werden. Sie können, wie Coco Chanel, mehrere Schichten von Halsketten übereinanderlegen, es mit einem Gürtel à la Yves Saint Laurent in Form bringen oder es ganz schlicht belassen. Tragen Sie es mit Pumps im Büro, mit hohen Riemchenschuhen am Abend und mit Stiefeln oder Turnschuhen für einen lässigen Tageslook – die Variationsmöglichkeiten sind endlos.

Viele Pariser Ikonen sind berühmt für ihre Liebe zu schwarzen Kleidern. Die Chanteusen Edith Piaf, Juliette Gréco und Barbara, »La Dame en Noir« (die Dame in Schwarz), machten es zu ihrem »ewigen« Kleidungsstück. In den 1960er-Jahren sah das Publikum auf der Leinwand das schlichte schwarze Kleid mit weißem Kragen von Saint Laurent, das Catherine Deneuve in *Belle de Jour – Schöne des Tages* (1967) trug, und das taillierte Kleid, das Jeanne Moreau in *Gefährliche Liebschaften* (1959) anhatte. Auf der anderen Seite des Atlantiks wurde Audrey Hepburns Givenchy-Kleid in *Frühstück bei Tiffany* (1961), das sie mit einer kunstvoll über ihren Rücken geschlungenen Perlenkette trug, zum berühmtesten französischen kleinen Schwarzen der Welt.

Berühmte Basics

NEUTRALE FARBEN

Die Pariserinnen kleiden sich manchmal so, als wollten sie sich vor den beigen Haussmann-Gebäuden und grauen Dächern der Stadt tarnen – daher auch ihr Ruf, oft stilvoll, aber langweilig gekleidet zu sein.

Doch Frankreich war nicht immer ein Land der leisen Töne. In Versailles war der königliche Hof des Sonnenkönigs Ludwig XIV. für seine Vorliebe für leuchtende Farben und glänzende Stoffe bekannt.

Die Tragödie des Ersten Weltkriegs setzte dieser bunten Ära jedoch ein Ende. Die trauernden Frauen begannen, schwarze Kleider zu tragen, die später mit Pailletten verziert wurden, als die Traurigkeit verblasste und durch das Bedürfnis ersetzt wurde, in *les années folles* (den wilden Zwanzigern) zu feiern. Die Damenmode trat in die Ära der Moderne ein, in allen Formen und Farben.

Mit ihrer Liebe zur Schlichtheit war Coco Chanel die emblematische Designerin dieses Wandels. Aus Abneigung gegen die Farben der Belle Époque entwickelte sie ein Modevokabular in neutralen Tönen wie Beige, Schwarz oder Weiß. Später verwendeten die meisten berühmten französischen Designerinnen und Designer in ihren Kollektionen viele neutrale Farben: Chloé entschied sich für eine Palette pudriger Töne, Céline für Beige und andere sanfte Farben, Schwarz dominierte bei Yves Saint Laurent und Sonia Rykiel, während Isabel Marant sich für gedecktere Töne entschied.

In einer Studie aus dem Jahr 2015 entschieden sich 62 Prozent der Französinnen bei der Frage, welche Farbe sie in der kommenden Saison tragen würden, für etwas Neutrales.

Berühmte Basics

Caroline de Maigret trägt eine braune Jacke, eine hautfarbene Bluse, eine beige Hose und eine braune Tasche vor der Haider-Ackermann-Schau in Paris, 2018.

DER BLAZER

Seit Yves Saint Laurent sie dazu inspiriert hat, sind die Parisiennes darauf versessen, einen Blazer über so ziemlich alles zu werfen, um sofort chic auszusehen.

Der Blazer, der im Französischen den gleichen Namen trägt, entstammt der englischen Schneidertradition (wie auch der Trenchcoat, siehe Seite 114). Zunächst war er Mitte des 19. Jahrhunderts die Uniform der Marine, dann die Sportjacke der Elitestudenten an den Universitäten, bevor er schließlich zur Alltagskleidung wurde. Nach dem Erfolg der Tweedjacken von Coco Chanel waren die Französinnen bereits mit Jacken vertraut. Als Saint Laurent dann begann, traditionelle Herrenmode auf die Damenmode zu übertragen, waren die Pariserinnen gern bereit mitzumachen. Ab den späten 1960ern entstand der zeitgenössische »mühelose« Pariser Freizeitschick, bei dem stilvolle junge Frauen Blazer zu weiten Hosen, Jeans und Blusen trugen.

Und der Look ist noch immer im Repertoire der Pariserin. In den 1970er-Jahren wurde er mit Blusen, Rüschen und Schleifen getragen. Die 1980er-Jahre waren die Zeit der Power-Blazer: Die Schultern wurden breiter, die Farben vielfältiger. In den 1990ern inspirierten US-amerikanische Sportswear-Einflüsse dazu, Blazer über T-Shirts zu tragen – eine Kombination, die zum Kultklassiker geworden ist –, während die Blazer der 2000er-Jahre unter dem Einfluss von Hedi Slimanes schmal geschnittenen, klaren Silhouetten enger wurden. Zehn Jahre später wurden Blazer über gerüschten Minikleidern oder mit Röhrenjeans und lässigen T-Shirts getragen, wie bei der Isabel-Marant-Schau 2009 zu sehen war. Für die Parfümkampagne »La Parisienne« von Yves Saint Laurent im Jahr 2009 trug Kate Moss ein schwarzes Bustier-Minikleid mit einem über die Schultern drapierten Blazer. Der Blazer nimmt auch heute noch einen wichtigen Platz in unseren Kleiderschränken ein, denn er ist eine der vielseitigsten Jacken, die man besitzen kann.

Catherine Deneuve posiert mit Yves Saint Laurent anlässlich des zwanzigjährigen Bestehens seines Modehauses im Jahr 1981.

JEANS UND T-SHIRTS

Es wurde Zeit, dass die Pariser Mode von den USA beeinflusst wurde. In den 1960er-Jahren führte die Globalisierung der amerikanischen Kultur dazu, dass die jungen Pariserinnen Jeans und T-Shirts als Basics in ihre Garderobe aufnahmen.

Als praktische, elastische Unterwäsche für die US-Marine entwickelt, wurden T-Shirts zur beliebten Sportkleidung, bevor sie in den Filmen der 1950er-Jahre mit rebellischer Jugend assoziiert wurden. Durch den unbestreitbaren Sex-Appeal der Schauspieler James Dean und Marlon Brando in Jeans und T-Shirts übernahmen auch die hippen Kids in Europa diese Trends. Im Laufe der Jahre verloren beide Stücke ihren rebellischen Beigeschmack. In den 1960er-Jahren wurden Jeans und T-Shirts von stilvollen jungen Frauen wie Jane Birkin und Françoise Hardy getragen, die sich nach der Coolness der Filmstars sehnten. Nach und nach verankerten sich die amerikanischen Klassiker in den Kleiderschränken der konservativeren Französinnen und in den 1990er-Jahren gab es kaum eine Pariserin, die nicht mindestens eine Jeans besaß.

Im Gegensatz zu vielen Basics, die erst durch die Neuinterpretation eines Designers zum Mainstream wurden (wie z. B. die Marinière von Chanel oder der Blazer von Yves Saint Laurent), mussten Jeans und T-Shirts nicht von einem Designer neu interpretiert werden, um massentauglich zu werden.

Berühmte Basics

Françoise Hardy trägt 1966 eine lässige, aber schicke Jeans-T-Shirt-Kombination.

BEQUEME SCHUHE

In Frankreich gibt es den Ausdruck *être bien dans ses pompes* (*pompes* ist ein Slangwort für Schuhe), der so viel bedeutet wie: sich wohl in seiner Haut fühlen. Getreu diesem Ausdruck bevorzugen die Pariserinnen Schuhe, in denen sie gut aussehen und sich wohlfühlen. Die französischen Designer André Perugia und Charles Jourdan haben zwar die Stilettos erfunden, und Christian Louboutin ist vielleicht der berühmteste Pariser Schuhdesigner der Welt, aber die Pariserinnen, die sich nicht den Knöchel brechen wollen, tragen im Alltag bequemere Varianten.

Für den Film ... *und immer lockt das Weib* von 1956 bat Brigitte Bardot, die eine klassische Ballettausbildung absolviert hatte, die Designerin Rose Repetto, einen Ballettschuh für den Alltag zu entwerfen. Die einflussreiche Schauspielerin war von ihren »Ballerinas« so begeistert, dass sie sie täglich trug und damit einen Trend begründete. 1957 entwirft Coco Chanel ihre ersten zweifarbigen Slingbacks. Der beigefarbene Körper und die schwarze Spitze verlängern das Bein und verkürzen den Fuß. 1964 wurden die Courrèges-Stiefel, die junge, modische Frauen ansprechen sollten, mit ihren niedrigen Blockabsätzen und ihrem futuristischen Aussehen zum Hit. Gleichzeitig bevorzugten konservativere Frauen die eleganten Polo-Loafer von Céline oder die schicken flachen Schuhe von Roger Vivier.

In den 1970er-Jahren verlangten längere Hosen und Kleider nach mehr Höhe. Yves Saint Laurent hatte die geniale Idee, die traditionellen Espadrilles aus dem Baskenland mit Absätzen zu versehen. Die ersten Plateau-Espadrilles, die mit dem Spezialhersteller Castañer entwickelt wurden, waren ein großer Erfolg. In den 1980er-Jahren tauchten dann Turnschuhe in den Pariser Outfits auf. Manchmal importiert (Converse oder adidas), manchmal einheimisch, wie die Bensimon-Tennisschuhe aus Segeltuch – das französische Pendant zu Converse, die von den Ikonen des Freizeitlooks Inès de la Fressange und Jane Birkin geliebt wurden, die sich nicht scheuten, sie auch mit Flecken zu tragen. Ein Jahrzehnt später trugen Studentinnen klobige Dr. Martens oder abgenutzte Turnschuhe, während ältere Modefans maskulines Schuhwerk wie Loafer oder offene Schnürschuhe im Derby-Stil bevorzugten. Zu Beginn des 21. Jahrhunderts kamen Stiefeletten mit niedrigem Absatz auf, wie die viel kopierten Dicker-Stiefel von Isabel Marant.

In den 2020er-Jahren existieren all diese eleganten, bequemen Schuhe auf dem Pariser Kopfsteinpflaster fröhlich nebeneinander.

Brigitte Bardot am Set von *Privatleben* im Jahr 1962.

Berühmte Basics

Kapitel 4

PARiSiENNES

JOSEPHINE BAKER
High-Fashion-Star

Kabarett-Star Josephine Baker zog während ihrer Auftritte und auch generell alle Blicke auf sich. Bewundert für ihre Outfits, interviewt in unzähligen Zeitungen, Muse der Modedesigner, war sie eines der ersten It-Girls der französischen Moderne.

Josephines avantgardistisches Aussehen wurde in konservativen Kreisen als schockierend empfunden, fand aber bei den hippen jungen Frauen großen Anklang. 1927 veröffentlichte die *VOGUE PARIS* ein Bild eines Tüllkleides, das »für Mademoiselle Josephine Baker entworfen« worden war. In der darauffolgenden Woche baten viele Pariserinnen ihre Schneider, das Kleid nachzubilden. Es war das erste Mal, dass eine Schwarze Frau die französische Bourgeoisie beeinflusste.

Josephine Baker vermarktete ihr Image. Sie gründete ihre eigene Kosmetiklinie, zu deren Bestsellern auch Bakerfix gehörte, das entwickelt wurde, um die ikonischen *accroche-cœurs* (Kusslocken) der Sängerin hinzubekommen.

»J'ai deux amours, mon pays et Paris« (Ich habe zwei Lieben, mein Land und Paris), sang Josephine Baker in den 1930er-Jahren. An den Ufern der Seine fest verwurzelt, war die in Mississippi geborene Künstlerin am Ende des Zweiten Weltkriegs mehr Französin als Amerikanerin. Als sie Ende der 1940er-Jahre für einige Shows in die Vereinigten Staaten zurückkehrte, verblüffte sie die Amerikaner in fantastischen Kleidern, die von ihren Freunden Pierre Balmain und Christian Dior entworfen worden waren, und wurde so zu einer Botschafterin der französischen Couture in Übersee.

Die wagemutige Baker wird lange in Erinnerung bleiben, sowohl als Heldin des Widerstands als auch als eine der ersten modernen Musen.

Josephine Baker in einem eleganten weißen, mit Kristallen verzierten Abendkleid fotografiert, 1951.

BETTINA GRAZIANI:

Die kühne Elegante

Die »meistfotografierte Frau Frankreichs« war ein Supermodel, bevor es so etwas gab. Mit ihren Zigaretten und roten Lippen war Bettina Graziani der Inbegriff der mondänen Pariserin.

Die rothaarige Schönheit wurde als Simone Bodin in Elbeuf (heute Seine-Maritime, Haute-Normandie) geboren und kam 1943 nach Paris, um als Modezeichnerin zu arbeiten. Stattdessen wurde sie als Fitting-Modell für den Avantgarde-Couturier Jacques Fath angeheuert, der Bettina als einen Namen vorschlug, der besser zu einem glamourösen Leben passte. Bettinas Schönheit, ihre starke Ausstrahlung und ihre Kreativität beeindruckten die berühmtesten Fotografen. Sie posierte für Irving Penn, Henri Cartier-Bresson, Erwin Blumenfeld und viele andere.

Mit ihrem feurigen Haar, den kräftig roten Lippen und dem dramatischen Eyeliner fiel sie auf. Für Fotos wurden ihre Gesichtszüge betont – zum Beispiel wurden ihre Sommersprossen abgedeckt, um den Kontrast auf den Schwarz-Weiß-Aufnahmen zu erhöhen. Im täglichen Leben war sie natürlicher, rauchte selbstbewusst und bevorzugte lockere Kleidung gegenüber den korsettierten Trends der Zeit. Als Trendsetterin wagte sie es, ihr Haar zu einem Garçonne-Bob zu schneiden.

Die Franzosen würden sagen, Bettina *avait du chien*, was bedeutet, dass sie frech, respektlos, witzig und chic war, und all diese Eigenschaften verliehen ihr unglaublichen Sex-Appeal. Mit ziemlicher Sicherheit hatte sie dieses geheimnisvolle *je ne sais quoi*.

Bettina Graziani posiert 1952 für die *VOGUE* in einem Abendkleid mit Porträtausschnitt und wadenlangem Faltenrock.

SIMONE DE BEAUVOIR

Eklektische Kombiniererin

Ich bin überrascht, dass die berühmte Philosophin nicht häufiger in Listen französischer Stilikonen aufgeführt wird, denn ihr einzigartiger Look war die Vollendung des Pariser Rive-Gauche-Stils.

»Ich muss Ihnen sagen, dass ich mich überhaupt nicht für Kleidung interessiere«, gestand die feministische Aktivistin Simone de Beauvoir, als sie 1960 von Cynthia Judah für den *Observer* zu ihrer Garderobe befragt wurde. »Ich habe so viele andere Dinge im Kopf, so viele andere Interessen, dass ich gar nicht über sie nachdenke.« Judah kommentierte: »Die Leute hatten über die Vorstellung gelacht, dass sie über Kleidung sprach, aber sobald de Beauvoir die Tür ihrer Atelierwohnung in Montparnasse geöffnet hatte, war es offensichtlich, dass sie darüber nachgedacht haben musste.«

De Beauvoir trug ihr Haar stets hochgesteckt und wickelte es später in eine Sammlung prächtiger Schals. Abgerundet wurden ihre Outfits durch auffälligen Modeschmuck – und zwar jede Menge davon. Außerdem liebte sie Drucke und Texturen, die sie stets auf geschmackvolle Weise zusammenstellte. Als eklektische Käuferin scheute sie sich nicht, auch ungewöhnliche, im Ausland gekaufte Kleidungsstücke in ihre Outfits einzubauen. Außerdem trug sie einen Hauch von Rouge, Lippenstift und roten Nagellack.

In ihrem Privatleben, ihrer Arbeit und ihrem Stil hat Simone de Beauvoir stets ihren eigenen Weg gefunden.

Simone de Beauvoir mit ihrer charakteristischen Hochsteckfrisur, 1947.

CATHERINE DENEUVE

Modische Schönheit

»Mademoiselle Deneuve«, wie sie gern genannt wird, wird oft als »kalte Bourgeoise« bezeichnet, da sie eine solche Rolle als Sèverine in Luis Buñuels Film *Belle de Jour – Schöne des Tages* von 1967 spielte. Der Name amüsiert die spitzbübische Schauspielerin, aber was ihren Stil betrifft, ist er nicht weit von der Wahrheit entfernt.

Über ein halbes Jahrhundert lang war Deneuves blondierte Mähne (ja, sie ist von Natur aus brünett) ein Symbol für ihren Stil. Gebürstet, aber nie übermäßig frisiert, repräsentiert sie eine anspruchsvollere Version des »French Girl Hair«. Deneuve ist immer perfekt gekleidet und verkörpert Raffinesse.

Sie liebt die Mode, und ihr Stil hat sich mit den Trends verändert. Niedlich und grafisch mit Rehaugen-Eyeliner in den 1960ern, Bohème-Chic in den 1970ern, kühn und sexy in den 1980ern, androgyner mit kürzeren Schnitten in den 1990ern – egal was sie trägt, Deneuve hat Flair. Da sie mit vielen Designern befreundet ist, sieht man sie oft in fabelhaften Couture-Kleidern. Nichts schüchtert die abenteuerlustige Stilikone ein, die sich in den 1970er-Jahren traute, den avantgardistischen Smoking ihres Freundes Yves Saint Laurent zu tragen und auch nach ihrem fünfzigsten Geburtstag nicht vor Gold oder Fuchsia zurückschreckt.

Nach vier Jahrzehnten mit Saint-Laurent-Kleidern hat Catherine Deneuve 2019 ihre Couture-Garderobe versteigert. Das Zeugnis eines Lebens in fabelhafter Kleidung.

Catherine Deneuve in einem kleinen Schwarzen, 1965.

FRANÇOISE HARDY

Natürlicher Popstar

Die melancholische Sängerin, ein echtes französisches Talent, wirkte selbst in den gewagtesten Couture-Kleidern natürlich. Zu Beginn ihrer Karriere war Françoise Hardy eine der ersten, die langes Haar trugen, das so aussah, als wäre sie gerade erst aus dem Bett gekommen, in einer Zeit, als geföhnte Kurzhaarschnitte noch der dominante 1960er-Jahre-Trend waren. Sie hatte eine dezente Ausstrahlung, trug leichtes Augen-Make-up, keinen sichtbaren Schmuck und war ein wenig kamerascheu. In der Tat war Hardy die Blaupause für das »coole Pariser Girl«.

Wenn sie nicht auf der Bühne stand, bestand ihr Alltagsstil aus grafischen Sixties-Kleidern, die bald durch Schlagjeans, T-Shirts, Blusen und Kurzjacken ersetzt wurden. Françoise hatte immer den Coolness-Faktor, der ihren Stil mühelos aussehen ließ; sie hatte auch eine Vorliebe für leuchtende Farben, die sie geschmackvoll kombinierte. Ihre moderne Ausstrahlung inspirierte eine Reihe von jungen Designern, die sie zu ihrer Muse machten, und mit ihrem Popstar-Status brachte sie ihnen wiederum Ruhm ein. Françoise war eine der ersten, die das kultige Metallic-Kleid von Paco Rabanne trug.

Als sie älter wurde, trug sie ihre Haare natürlich weiß und ließ sie kurz schneiden. Ihr Stil tendierte zu einer schicken androgynen Uniform aus Blusen, Jeans und Anzügen.

Als schüchterne 21-Jährige vertraute Françoise Hardy der Zeitschrift *ELLE* an: »Mein Traum? Ich wollte so aussehen wie dieses Bild von mir, das ich vor Augen hatte, als ob ich mein neues Bühnenkostüm anprobierte. Courrèges. Eine Metamorphose! Hosen und Marinière. Blendendes Weiß. Gewagt ... wie die Françoise Hardy, die ich eines Tages sein könnte.«

Françoise Hardy in eleganter Pose vor einem Fenster im Jahr 1969.

JANE BIRKIN

Nonchalante Trendsetterin

Eine der bekanntesten Parisiennes wurde in Marylebone, London, geboren und spricht immer noch mit einem bezaubernden englischen Akzent, obwohl sie seit mehr als fünf Jahrzehnten in Paris lebt. Egal ob die Singer-Songwriterin und ehemalige Schauspielerin auf einer Party ist oder über den Markt schlendert, sie sieht immer noch umwerfend *naturelle* aus. Jane Birkins müheloser Stil, ihr charmantes Lächeln und ihre Beziehung zu dem Sänger und Provokateur Serge Gainsbourg faszinierten die Fotografen und hinterließen jede Menge inspirierender Bilder.

Birkin liebt natürliche Stoffe und gedeckte Farben. Man sah sie oft in Wollstrick oder Socken, Raw-Denim-Jeans, Leinenblusen, Makramee- oder Seidenschals und natürlich mit dem ikonischen Strohkorb. Janes Kleidung sieht nie »zu neu« aus. Ihre Tochter Charlotte Gainsbourg (ebenfalls Schauspielerin und Singer-Songwriterin) erzählte *Dazed* 2017, wie sie ihre Kleidung »älter machte«: »Meine Mutter hatte eine echte Beziehung zu Kleidung, die viel sinnlicher war. Sie hat sie immer zerstört – wenn sie ein neues T-Shirt hatte, hat sie den Kragen geweitet und ihn groß gemacht.« Ihr langes, natürliches Haar, ihr minimalistisches Make-up und ihr Strohkorb ließen

Jane Birkin mit ihrem charakteristischen Weidenkorb beim Einkaufen in Paris, 1970.

»Ich bin Engländerin und komme aus einem Umfeld, in dem es mir immer gut ging. Das ist sehr wichtig.«
Jane Birkin

jedes Outfit natürlich aussehen, sogar Pailletten. Stets nonchalant mischte sie Feminines mit Maskulinem, Fließendes mit Maßgeschneidertem, zeitlose Basics mit Statement-Pieces.

Als sie älter wurde, ließ Birkin die niedlichen femininen Details und das Make-up weg und konzentrierte sich auf Boho-Looks oder sportliche, lockere Schnitte mit maskulinen Akzenten. Die ewig coole britische Parisienne ist die Vorläuferin aller französischen Influencerinnen, der Instagrammerinnen und Instagrammer immer nacheifern wollen.

Wenn sie auf den Stil ihrer Jugend zurückblickt, für den sie noch heute gefeiert wird, tut Jane Birkin dies kritisch, wie sie der *VOGUE* 2019 erzählte: »Wenn ich Fotos von mir aus dem Jahr 1968 sehe, mit meinen großen Puppenaugen, die mit Eyeliner unterstrichen sind, dem übertriebenen Mund und dem Pony, dann finde ich das schrecklich. Mit vierzig fand ich mich am interessantesten. Ich fing an, schottische Baumwollmäntel, Herrenhemden von agnès b., übergroße Hosen, aufgepeppt mit einem dünnen roten Ledergürtel, und Turnschuhe ohne Schnürsenkel zu tragen.«

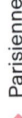

Jane Birkin in einem schwarzen durchsichtigen Minikleid an der Seite ihres damaligen Freundes, des französischen Liedermachers und Regisseurs Serge Gainsbourg, um 1970.

LOULOU DE LA FALAISE

Einflussreiche Exzentrikerin

Die elegante Loulou de la Falaise fand Pariserinnen bei ihrer Ankunft in der Stadt des Lichtes ein wenig langweilig. Unbeirrt blieb sie die fabelhafte Bohemienne und kombinierte die schicken Entwürfe ihres Freundes Yves Saint Laurent zu einem unvergesslichen, exzentrischen Look, der später viele Pariserinnen beeinflussen sollte.

Als Yves Saint Laurent 1968 die 21-jährige de la Falaise kennenlernte, war er von ihrem einzigartigen Boho-Stil fasziniert. Inmitten der immer noch konservativen Pariserinnen stach Loulou, die in den Swinging Sixties in London aufwuchs und gerade von einem Praktikum in New York zurückgekehrt war, heraus. Pierre Bergé, der Partner von Saint Laurent, erinnerte sich: »Was Yves auffiel, war ihre außergewöhnliche Freiheit, sie war ein bisschen verwegen und sah aus wie eine Königin.«

Loulou de la Falaise sammelte Secondhandkleidung, wählte glänzende Stoffe und sinnliche Drucke und stylte sie zu prächtigen Outfits, die sie mit ausgefallenem Schmuck aufpeppte. Sie wurde zur Muse von Saint Laurent, obwohl sie sich vor der Labelzugehörigkeit scheute – sie war tatsächlich viel, viel mehr! Später wurde sie von ihrem Freund eingestellt und übernahm die Leitung der Schmuckabteilung des Hauses. In den Jahren, die sie dort verbrachte, machte sie den Statement-Schmuck zu einem festen Bestandteil des Pariser Stils.

Pierre Bergé erinnerte sich 2012 in einem Interview mit *Harper's Bazaar*: »In vielerlei Hinsicht war Loulou die Verkörperung der Saint-Laurent-Frau: eine unglaublich

Loulou de la Falaise entwarf Schmuck für Yves Saint Laurent, und ihr persönlicher Stil zeichnet sich durch eklektische Accessoires und eine bunte Farbpalette aus.

glamouröse Weltreisende, Ehefrau und Mutter, die ganztags im Atelier des Designers arbeitete und dennoch irgendwie die Zeit fand, im Le Palace auf den Tischen zu tanzen.«

Loulou de la Falaise brachte einen Hippie-Glamour-Style aus London mit. In Paris hat sie ihn verfeinert. Sie hatte einen einzigartigen Stil, der durch ihre Zusammenarbeit mit Saint Laurent die Pariserinnen nachhaltig beeinflussen sollte.

Parisiennes

FARIDA KHELFA

Alternative Muse

Farida Khelfas stolze Haltung hat sich seit den 1980ern nicht verändert, doch ihr Stil wandelte sich im Laufe der Jahrzehnte vom punkigen Underground zur hochklassigen Eleganz.

Mit 16 Jahren lief Farida aus dem Vorort von Lyon weg, in dem sie mit ihren neun Geschwistern aufwuchs, und trampte in Richtung Paris. Dort hing sie im Le Palace ab, einem angesagten Nachtclub, wo sie aufstrebende Designer traf. Der junge Jean Paul Gaultier war der Erste, der sie als Laufstegmodel engagierte: »Es waren nicht nur ihre wunderbaren Gesichtszüge, sondern auch die Art, wie sie dastand, stolz, eine geborene Aristokratin ohne einen Hauch von Selbstgefälligkeit. Ich war sprachlos. Außerdem war sie sehr gut gekleidet. Der Rollkragenpullover, die Steghosen, die Creepers, die geschnürte Taille, der Pompadour, die großen Ohrringe ... ein echtes Pin-up! ... Ich war sofort verknallt«, erzählte er 2020 in einem Interview mit *Madame Figaro*. Khelfa lief dann für Thierry Mugler, wurde zur Muse des Fotografen Jean-Paul Goude (mit dem sie später eine Beziehung hatte) und des Modeschöpfers Azzedine Alaïa, für den sie modelte, bevor sie als Studioleiterin eingestellt wurde.

Im Laufe der Jahrzehnte wurde Farida, die früher mit Pariser Punks abhing, zu einer »Neo-Bourgeoise« (wie sie sich selbst bezeichnet), die das Spiel mit der luxuriösen Androgynität beherrscht. Als erstes berühmtes Model nordafrikanischer Abstammung ebnete sie den Weg für mehr Vielfalt in der Mode, auch wenn es nur langsam voranging und -geht.

Farida Khelfa posiert in einem klassischen Schnitt der 1980er-Jahre neben dem Designer Azzedine Alaïa im Jahr 1985.

Charlotte Gainsbourg trägt eine schicke weiße Bluse bei der Premiere von *Menschliche Dinge* in Deauville, 2021.

CHARLOTTE GAINSBOURG

Klassische Rockerin

Die Prise Rock, mit der Charlotte Gainsbourg zeitlose Klassiker aufpeppte, macht sie zu einer zeitgenössischen Pariser Ikone. Stil liegt ihr im Blut.

Bevor sie dreißig wurde, war Gainsbourgs Look sehr einfach. In mehreren Interviews erzählte sie, dass sie mehrere Jahre lang Tag für Tag dieselben Jeans, T-Shirts, Trenchcoats und Stiefel trug. Ihre Begegnung mit dem Kreativdirektor Nicolas Ghesquière bei seiner Balenciaga-Schau im Jahr 2000 markierte einen Wendepunkt in ihrem Stil. Der Designer schwärmte für sie: »Ich war beeindruckt! Dieses Mädchen hat eine unwirkliche Anmut, Eleganz und wirkt geheimnisvoll … Ich hatte das Gefühl, die Frau zu treffen, für die ich schon immer Kleider entworfen hatte.« Das Gefühl beruhte auf Gegenseitigkeit: »Ich mag seine modernen Silhouetten, sie sehen aus, als seien sie für schlanke Mädchen wie mich gemacht.«

Charlottes Freundschaft mit Nicolas half ihr dabei, ihren eigenen Stil zu entwickeln. Heute ist sie für ihre rockigen Outfits auf dem roten Teppich bekannt – Miniröcke, Leder, Lamé, passgenaue Schulterpartie und sexy Prints – und wirkt kraftvoll und modern. Im Alltag trägt sie eher minimalistische, maßgeschneiderte Looks und coole, zeitlose Klassiker wie Bikerjacken, Jeans und nach wie vor den Trenchcoat. Als Botschafterin zahlreicher französischer Marken (darunter Comptoir des Cotonniers und Gerard Darel) ist Charlotte Gainsbourg zu einem der modernen Gesichter des Pariser Stils geworden.

Parisiennes

LOU DOILLON

Die extravagante Coole

Das vielseitig talentierte Model, das auch als Sängerin und Illustratorin arbeitet, ist die jüngste Tochter von Jane Birkin und Regisseur Jacques Doillon. Lou Doillons Interesse an Kleidung mit Patina hat sie von ihrer Mutter geerbt: »Ich liebe Kleider, die lange halten, die man weitergibt und zwanzig Jahre später in einem Secondhandladen findet«, sagte sie der *VOGUE PARIS*. Sie hat ein Auge dafür, Vintage-Kleidung aufzutreiben, die zu ihrer Folk-Rock-Ästhetik passt: Cowboystiefel, Bikerjacken, wallende Kleider und Mäntel. Sie liebt auffällige Stoffe und trägt auch tagsüber Lamé, Samt, Tweed, Seide, durchsichtige Stoffe, Spitze und Stickereien. Die exzentrische Künstlerin legt auch zarte Schmuckstücke wie Talismane übereinander und besitzt eine Sammlung an Vintage-Hüten und kostbaren Schals.

Die atemberaubende Brünette, die genau weiß, was ihr steht, wählt dunkle und satte Farben: Burgunderrot, Flaschengrün, Nachtblau, tiefes Violett – aufgepeppt mit Gold und einem Hauch von Creme. In puncto Schnitte mischt sie gekonnt maßgeschneiderte maskuline Linien mit fließenden Bohème-Stücken.

Lou sagt, dass sie vom Zeitgeist beeinflusst wird, aber keinen Trends folgt, und erzählte der *VOGUE*: »Französischer Stil hat etwas mit einer gewissen Arroganz zu tun, die ich liebe. Französische Mädchen haben in gewisser Weise einen enormen Respekt vor sich selbst, und deshalb wissen sie, was sie tragen wollen und was nicht.«

Lou Doillon trägt nur Einzelstücke, die sie auf raffinierte Weise kombiniert, und sieht so unglaublich cool aus, dass es schwer ist, sie zu kopieren.

Lou Doillon in einer gemusterten Jacke und Schlagjeans bei den Andam Fashion Awards 2021 in Paris.

Parisiennes

Parisiennes

INÈS DE LA FRESSANGE

Pariser Vorzeigekind

Inès de la Fressange, die in den 1980er-Jahren von Karl Lagerfeld wegen ihrer Ähnlichkeit mit Coco Chanel ausgewählt wurde, hat sich vor Kurzem mit ihrem Lifestyle-Buch *La Parisienne* als internationale Bestsellerautorin neu erfunden. Lagerfeld bewunderte Inès' gute Manieren hinter der Bühne und ihren Witz auf dem Laufsteg – die 1,75 Meter große Brünette zwinkerte dem Publikum zu, erzählte Witze und rauchte sogar.

Wie ihre Persönlichkeit ist auch der Look von de la Fressange zurückhaltend und witzig. Als sie gebeten wurde, ihren eigenen Stil zu beschreiben, sagte sie *Les Échos* im Jahr 2019: »Einfache Dinge mit raffinierten Accessoires.« Eine treffende Beschreibung für eine Frau, die hochwertige Basics mit ausgefallenen Schuhen, Taschen und Schmuckstücken kombiniert. Sie mag androgyne Stücke (»Schnickschnack steht mir nicht.«), hochwertige Stoffe, neutrale und dunkle Farben und gelegentlich einen kräftigen Farbtupfer. Um ihrem schlichten Stil einen High-Fashion-Touch zu verleihen, setzt sie auf Lagenlook und Accessoires. Getreu ihrem eigenen Ratschlag »Décaler, c'est gagné« (Lass die Stile aufeinanderprallen.), scheut sie sich nicht, tagsüber Glitzer mit einer Marinière und abends Jeans mit hochhackigen Schuhen zu tragen.

Inès ist das Aushängeschild des zeitlosen Pariser Stils und hat dank ihres ausgeklügelten Konzepts ihren Flair in ein Geschäft verwandelt.

Frivol, ehrlich und fröhlich – Inès de la Fressange nimmt sich selbst nicht allzu ernst, was sie perfekt für ihre selbst geschaffene Rolle als Paris-Botschafterin macht.

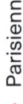

Parisiennes

Inès de la Fressange in einem marineblauen Maßanzug vor der Chanel-Schau während der Paris Fashion Week 2018.

INDEX

(Seitenzahlen in *Kursivschrift* beziehen sich auf Fotos und Bildunterschriften, in **fett** auf Hauptthemen.)

Aboah, Adwoa *106, 107*
agnès b. *31*, **84–5**, *117, 146*
Alaïa, Azzedine *150, 150, 151*
Andam Fashion Awards *154, 155*

ba&sh *32*
Baker, Josephine *24, 110*, **134–5**
Balenciaga *56, 56, 57, 153*
Balmain *46, 47, 108, 134*
Bardot, Brigitte *46, 104, 130, 131*
Baskenmützen **104–7**
Belle Époque *61, 110, 124*
Bergé, Pierre *78, 81, 148*
Binoche, Juliette *112, 113*
Birkin, Jane *16, 45, 52, 117, 129, 131*, **145–7**, *154*
Blazer **126–7**, *129*
Boucicaut, Aristide und Marguerite *26*

Campbell, Edie *28, 29*
Campbell, Naomi *41, 94, 95*
Castelnuovo, Nino *115*
Catroux, Betty *78, 79*

Céline *51*, **76–7**, *78, 101, 124, 130*
Chanel *20–3, 21, 48, 51–52, 51, 56, 62, 63, 94–97, 94, 95, 96, 112, 116, 117, 121, 129, 157*
Chanel, Gabrielle „Coco" *15, 20, 23, 52*, **61–3**, *64, 81, 94, 104, 108, 108, 109, 110, 113, 117, 120, 123–4, 126, 130, 156*
Chloé **72–5**, *94, 124*

Damas, Jeanne *32, 42, 42, 43, 45, 46*
Darley, Pauline *104, 105*
de Beauvoir, Simone **138–9**
Delord, Taxile *12*
Deneuve, Catherine *23, 52, 107, 114, 115, 117, 123, 127*, **140–1**
Dessous *siehe* Unterwäsche
Dior (Marke) *20, 29, 44, 45, 45, 55*, **68–71**, *96, 98, 101, 106, 107, 107*
Dior, Christian *15, 20*, **68–71**, *78, 101, 134*
Ditto, Beth *88, 89*
Doillon, Lou *46*, **154–5**

Ebel, Louise *48, 104, 105*
Eiffelturm *22, 23, 27, 45*, **54–7**, *89*
ELLE *29*, **38–41**, *142*

Falaise, Loulou de la *16, 78, 79*, **148–9**
Fontanel, Sophie *37, 42, 48*
Fressange, Inès de la *6, 6, 7, 51, 52, 52, 53, 97, 131*, **156–7**

Gainsbourg, Charlotte *145*, **152–3**
Gainsbourg, Serge *98, 145, 146, 147*
Gaultier, Jean Paul *22, 56*, **86–9**, *108, 150*
Gender-Fluidität *89, 101, 104*
Ghesquière, Nicolas *153*
Goude, Jean-Paul *15, 56, 150*
Grands Magasins **26–7**
Graziani, Bettina **136–7**
Guerlain *20, 55, 110*

Haider Ackermann *125*
H&M *31, 33, 97*
Hardy, Françoise *129, 129, 130*, **142–3**
Hepburn, Audrey *48, 114, 117, 123*
Hiridjee, Loumia und Shama *24*

Influencerinnen *11, 32, 34, 35, 37*, **42–5**, *48, 104, 105, 146*
„It-Girls" *46, 134*

Jeans 6, *42*, *43*, 94, 126, **128–9,** 142, 145, 153, *154*, *155*, 156
Jones, Grace 15

Kelly, Grace 118, 120
Khelfa, Farida **150–1**
Kleines Schwarzes **122–3,** *140*, *141*, *146*, *147*
Konfektionskleidung 14, 16, 29–31, 36, 72, 81, 94
Kultur **46–51**

Lagerfeld, Karl 31, *72*, *74*, *75*, **94–7,** 117, 123, 156
Lancôme 23, 55
Léna Situations *siehe* Mahfouf, Léna
Lippenstift 6, *7*, 52, *53*, **110–13,** 120, 138

Madonna 86, *86*, *87*
Mahfouf, Léna 11, *44*, *45*, 45
Maigret, Caroline de 125
Marant, Isabel 31, 32, *33*, **90–3,** 118, 124, 126, 131
Marie Antoinette 12, *12*, *13*
Marinière 85, 89, **108–9,** 129, 142, 156
Moss, Kate 52, 97, 126
Mugler, Thierry 20, 31, 150

N'Diaye, Fatou 11, 42
Neutrale Farben 24, 61, 62, 76, **124–5,** 156

Paradis, Vanessa *17*, 23
Parfüm 16, **20–3,** 55, 61, 71, 89, 110, 126

Paris Fashion Week 10, *11*, 16, *42*, *43*, 44, *45*, 49, 84, 88, 92, *93*, 94, *95*, *96*, *98*, *99*, *106*, *107*, *118*, *119*, 157
Perlen 62, *63*, 123

Rote Lippen 6, *7*, *53*, **110–13,** 137
Royer, Chris *72*, *73*
Rykiel, Sonia 31, **82–3,** 124

Saglio, Geraldine *118*, *119*
Saint James 108
Saint Laurent, Yves 16, 23, 31, 52, 71, **78–81,** 89, 98, 101, 108, 114, 117, 123, 126, *127*, 129–130, *141*, 148–149, *149*
St. Marie, Anne 62, *63*
Saint Phalle, Niki de 30
Sandro 29, *30*, 32, 108
Schals **118–19,** 138, 145, 154
Schmuck 61, 62, *62*, *63*, 94, *116*, *117*, 123, 138, 142, 148, *149*, 154, 156
Schiaparelli, Elsa **64–7,** 97
Schiffer, Claudia 80, 97
Schuhe 76, *93*, 122, *123*, **130–1,** 146, 153–154, 156
Shopping **26–33**
Silhouette, schlanke 98, 101, 126
Slimane, Hedi 51, *96*, **98–101,** 126
Smoking **52–3,** 78, 80, 141
Streetstyle 10, *11*, 41, 85, *118*, *119*

T-Shirts 75, 126, **128–9,** 142, 145, 153
Taschen 45, 56, 62, 94, **120–1,** *125*, 156
Trenchcoats 76, 78, 89, **114–15,** 126, 153
2.55-Tasche 62, 94, 120

Unterwäsche **24–5,** 48, 89, 129

Versailles 12, 20, 124
Vigée-Le Brun, Élisabeth 12, *13*
Vintage 32, **34–7,** 45, 97, 154
VOGUE 11, 15, 29, **38–41,** 45, 56, 62, *63*, 74, 118, 134, *136*, *137*, 146, 154

Weiße Blusen 85, **116–17,** 152
Worth, Charles 12, 14

Y2K-Trend 16
Yves Saint Laurent (YSL) *30*, 51, 55–56, 98, *98*, *99*, 101, 117, 124

Zigaretten **52–3,** 137

159

Index

BILDNACHWEISE

Die Herausgeber möchten den folgenden Quellen für ihre freundliche Erlaubnis danken, die Aufnahmen in diesem Buch zu verwenden.

Alamy: CBW 15; f8 archive 112; Grzegorz Czapski 28; Ian Dagnall Computing 13; Everett Collection 122, 131; Pictorial Press Ltd 14; Retro AdArchives 22, 111; Reuters 99; Science History Images 21; Zuma Press Inc. 77

Franny Monzemba: 35

Getty Images: AFP 80; /Bruno Bachelet 127; Bentley Archive/Popperfoto 147; Edward Berthelot 10, 43, 44; Bettmann 66; Edouard Boubat 25; David Cairns 143; Dominique Charriau 88; Christophel Fine Art 39; Robert Doisneau 113; Francois G. Durand 152; Estrop 84; Kurt Hutton 47; Alain Jocard 50; Kammerman 70; Gie Knaeps 87; Patrick Kovarik 83; Reg Lancaster 30; Photo Claudio Lavenia 122, 125; Josse/Leemage 27; Miguel Medina 90; Michael Ochs Archive 115, 135; Mirrorpix 79, 144; Jeremy Moeller 121; Mondadori Portfolio 69; Genevieve Naylor 54; Irving Penn/Condé Nast 100; Jacopo Raule 157; Suzanne Rault Balet 151; Bertrand Rindoff Petroff 155; Maurice Rougemeont 7; Jean-Claude Sauer 51; Steve Schapiro 128; Pascal Le Segretain 49, 96, 106; Daniel Simon 53, 116; Harrison Smith 149; John Stoddart/Popperfoto 17; Stringer 60; Philippe Le Tellier 107; Daniele Venturelli 40; Victor Virgile 57, 92, 95

Mary Evans: Glasshouse Images 8–9

Shutterstock: Fredrich Baker/Condé Nast 65; Henry Clarke/Condé Nast 63; Olivier Degoulange 119; Granger 109; Etienne Laurent/EPA 33; Frances McLaughlin-Gill/Condé Nast 136; Deborah Turbeville/Condé Nast 73, 74

Topfoto: Roger-Viollet 36

Es wurde sich darum bemüht, alle Quellen sorgfältig aufzulisten und alle Rechteinhaber der Abbildungen zu kontaktieren. Welbeck Publishing entschuldigt sich im Vorfeld für alle versehentlichen Fehler oder Versäumnisse, die in Nachauflagen dieses Buches umgehend korrigiert werden.